BIBLIOTHECA APERTA

4

Diretta da
CRISTINA SORACI

AF724070

Bibliotheca Aperta
Studi di storia antica

Direttrice della collana
Cristina Soraci

Comitato scientifico internazionale

Werner Eck (Universität zu Köln)
Febronia Elia (Università di Catania)
Jérôme France (Université Bordeaux Montaigne, UMR Ausonius)
Antonio Gonzales (Université de Franche-Comté, UMR ISTA)
Gian Luca Gregori (Università di Roma – La Sapienza)
Sylvie Pittia (Université Paris 1 Panthéon-Sorbonne, UMR ANHIMA)
Umberto Roberto (Università di Napoli - Federico II)
Giovanni Salmeri (Università di Pisa)
Maria Teresa Schettino (Universités de Haute-Alsace et de Strasbourg, UMR Archimède)
Marina Silvestrini (Università di Bari – Aldo Moro)
Elena Torregaray Pagola (Universidad del País Vasco)
Gregor Weber (Universität Augsburg)

Segreteria di redazione
Andoni Llamazares Martín, Salvatore Virzì

La collana è dotata di un sistema di *peer review*

Michaël Girardin, Sven Günther, Cristina Soraci

FISCALITÀ ED EPIGRAFIA NEL MONDO ROMANO

Nuove ricerche

ATTI DEL CONVEGNO INTERNAZIONALE
(CATANIA, 9-10 DICEMBRE 2022)

«L'ERMA» di BRETSCHNEIDER
Roma - Bristol (USA)

Michaël Girardin, Sven Günther, Cristina Soraci

Fiscalità ed epigrafia nel mondo romano

© 2024 «L'ERMA» di BRETSCHNEIDER

Via Marianna Dionigi, 57
00193 Roma – Italia
www.lerma.it

70 Enterprise Drive, Suite 2
Bristol, CT 06010 – USA
lerma@isdistribution.com

Tutti i diritti riservati. È vietata la riproduzione
di testi ed illustrazioni senza il permesso scritto dell'Editore

Progetto grafico, impaginazione e copertina
Dario Scianetti

Sistemi di garanzia della qualità
UNI EN ISO 9001:2015

Sistemi di gestione ambientale
ISO 14001:2015

In copertina:
Il *Monumentum Ephesenum*,
Ephesus Archaeological Museum, Selçuk

Fiscalità ed epigrafia nel mondo romano. Nuove ricerche - Roma : «L'Erma» di Bretschneider®, 2024 - 118 p., 24 cm. - (Biblioteca Aperta : 4)

978-88-913-3279-0 (Brossura)

978-88-913-3281-3 (PDF)

DOI 10.48255/9788891332813

CDD 330.09376

1. Economia - Storia

Stampato nel rispetto dell'ambiente su carta proveniente
da zone a deforestazione controllata.

Indice

MICHAËL GIRARDIN, CRISTINA SORACI

Introduzione

Il convegno che abbiamo il piacere di introdurre si inserisce in un filone di studi oggetto di un fervore scientifico forse inatteso negli ultimi anni. Al 2020 risale il volume sul termine *stipendiarius*[1], mentre negli anni successivi sono state dedicate al tema della fiscalità romana alcune monografie[2], nonché almeno due studi regionali[3] e qualche opera collettiva concernente soprattutto le strutture fiscali imperiali[4], come anche un interessantissimo studio collettivo sul rapporto tra religioni e fiscalità[5]. Nel 2021 è apparso anche per la "Neue Pauly" il contributo di Sven Günther sul termine *Steuern*[6], per non parlare degli articoli che Giovanna Daniela Merola ha dedicato allo studio della fiscalità asiana e non solo[7]. La storiografia del mondo romano non è stata, dunque, inattiva nell'ambito del notevole processo di rinnovamento degli studi recenti sulla fiscalità antica[8].

---

[1] Soraci 2020a.

[2] A firma di studiosi francesi: France 2021; Berrendonner 2022. Importanti suggestioni e precisazioni in materia di fiscalità offre anche il volume che Gabriele Cifani ha dedicato all'economia dei primi secoli di Roma (Cifani 2021), come anche la recentissima analisi che Arcaria 2024 ha riservato ad alcuni aspetti del diritto fiscale romano.

[3] Ad esempio Rossi 2020 per la fiscalità doganale dell'Egitto romano e Girardin 2022 per la Giudea.

[4] Blanton, Choi, Liu 2022; Girardin 2023b.

[5] Marcellesi, Pont 2022.

[6] Günther 2021.

[7] Citiamo in questa sede due tra i più recenti contributi della studiosa: Merola 2019; Merola 2020.

[8] Segnaliamo in particolare i lavori di Kleber 2021 sull'impero achemenide o, per una panoramica di tutta l'Antichità, di Valk, Soto Marín 2021. L'interazione tra le fiscalità preromane e l'amministrazione della Repubblica prima e dell'Impero poi è stata oggetto di analisi nel volume collettivo curato da Girardin 2023c.

È iniziativa recente anche la creazione di una rete di studiose dell'economia antica, dal titolo *Engendering Ancient Economies Network* (https://pure.roehampton.ac.uk/portal/en/activities/engendering-ancient-economies-network); il progetto, lodevole e innovativo, mira a sottolineare il contributo delle donne (di ieri e di oggi!) all'economia antica nonché l'apporto delle analisi condotte dalle moderne ricercatrici su questi temi.

Com'è noto, il convegno i cui atti oggi vedono la luce intende presentarsi come prosecuzione dei lavori apertisi cinque anni fa, prima della ben nota pandemia che ha piagato la popolazione mondiale. Il convegno catanese del 2019 – che ha visto, tra gli altri, la partecipazione di studiosi di grande esperienza nel campo della fiscalità (Elio Lo Cascio, Sylvie Pittia) e dell'epigrafia (Werner Eck, Marina Silvestrini) – ha inaugurato gli incontri tra esperti di tematiche legate alla fiscalità antica, considerata, però, da una particolare angolatura, quella epigrafica; gli Atti sono apparsi nel 2020[9].

Senza dubbio, gli studi fiscali hanno da sempre intrattenuto un legame privilegiato con l'epigrafia. Ma l'eccezionale ricchezza dei papiri, soprattutto egiziani[10], come anche la rilettura delle fonti letterarie alla luce delle nuove metodologie[11], sembrano avere un po' distolto l'attenzione dei ricercatori da questa fonte così preziosa di informazioni, al punto che si può rimpiangere il fatto che pochi studi recenti sulla fiscalità antica siano focalizzati sull'analisi del materiale epigrafico. L'unica eccezione sembra essere costituita dalla provincia d'Asia, che ha restituito diverse leggi doganali, ampiamente discusse dagli specialisti[12]. Ma le iscrizioni restano spesso marginali all'interno della bibliografia più recente, in particolare negli studi generali. Pertanto, non è esagerato sostenere che, malgrado la sua lunga storia, la riflessione su questioni complesse e per lo più poco note, come quelle concernenti l'ausilio offerto dalle fonti epigrafiche alla conoscenza della fiscalità antica, è ancora agli albori, ma merita di essere oggetto di continui confronti tra studiosi di discipline diverse.

Come sanno gli addetti ai lavori, non è facile studiare la fiscalità antica e lo è ancor meno il servirsi di fonti spesso in sé abbastanza problematiche, quali quelle epigrafiche, di provenienza e/o datazione non di rado oscure; le iscrizioni contenenti notazioni di carattere fiscale costituiscono, peraltro, una tipologia di testimonianze numericamente abbastanza limitata e che solo in casi eccezionali restituisce i dettagli (ma quasi mai le procedure) di un'organizzazione molto articolata[13]; è talvolta arduo individuare persino le motivazioni che portarono

[9] Soraci 2020b.

[10] Sulla ricchezza di questa documentazione, impossibile da padroneggiare completamente oggi, si veda Heilporn 2023. Occorre, peraltro, osservare che la documentazione papirologica di natura fiscale non è appannaggio dell'Egitto ma che, al di fuori della valle del Nilo, è quasi completamente ignorata dagli storici.

[11] Per un esempio dell'applicazione del modello della *frames and framing theory* alla fiscalità romana si veda Günther 2023.

[12] Per una sintetica visione d'insieme si veda in particolare Merola 2013.

[13] Eck 2020.

all'inserimento nei vari documenti dei riferimenti fiscali e soprattutto delle relative scelte lessicali[14]. Per tutte queste ragioni solo un numero ristretto di studiosi accetta di inerpicarsi nello studio di simili questioni, che richiedono anni di ricerche sul campo e una non superficiale conoscenza di fonti di varia natura, come anche delle preferenze e inclinazioni economico-politiche degli antichi.

Tuttavia, si tratta di analisi che meritano di essere condotte per il contributo che possono apportare non solo alla conoscenza della fiscalità antica e delle dinamiche a essa sottese, ma, più in generale, alla comprensione dell'economia, nonché del pensiero e dell'agire economico del mondo antico. Se è vero che i convegni catanesi intendono limitarsi alla fiscalità quale appare nelle epigrafi di età romana, tuttavia, specialmente nel caso di province di antica tradizione greca, occuparsi di fiscalità romana richiede ulteriori conoscenze nel campo della fiscalità greca. Si pensi, per tutti, al caso egiziano o a quelli delle province d'Asia e di Giudea. L'esame della fiscalità in queste regioni, ricche di una lunga storia e di numerose fonti, consente di giungere alle stesse fondamenta della struttura imperiale romana e di comprendere come l'impero si pensava, si costruiva e funzionava. In effetti, come scriveva Claude Nicolet, "les techniques administratives d'une époque reflètent toujours, plus ou moins, les mentalités, les connaissances, l'idéologie du temps[15]". I campi coperti dalla fiscalità romana sono dunque molto ampi, perché agli specialisti è richiesto di muoversi dal particolare fino allo studio globale dell'impero[16]. Una simile articolazione si osserva bene nei capitoli qui riuniti.

Se la maggior parte delle relazioni presentate nel corso del primo convegno catanese era dedicata alle province occidentali dell'impero, con particolare attenzione all'Africa, in questo secondo convegno è stato riservato maggiore spazio alle province orientali, fatte oggetto di interessanti squarci di riflessione da svariate prospettive.

La Giudea dell'epoca di Giulio Cesare costituisce il punto di partenza, cronologico e geografico, del convegno e degli Atti che oggi vedono la luce. Nell'articolata relazione introduttiva Michaël Girardin ha presentato il caso di un'epigrafe oggi perduta e nota solo per via letteraria: un'attenta lettura del testo, corredata da un tentativo di ricostruzione della sua struttura interna, ha consentito all'Autore di riesaminare la questione relativa all'ammontare dei tributi nella regione all'epoca di Cesare e di formulare in merito alcune ipotesi anche in riferimento ai provvedimenti assunti da quest'ultimo[17]; essenziale, a tale ri-

[14] Per limitarci solo agli studi apparsi in questo volume, si vedano gli articoli di S. Günther, *Some reflections on* publicum *in inscriptions and papyri relating to the* vicesima libertatis, C. Soraci, *Il* frumentum mancipale e G.D. Merola, *Il ruolo dell'ἀρχώνης /* pro magistro *nell'organizzazione tributaria romana: le testimonianze epigrafiche*.

[15] Nicolet 1998, 201.

[16] Una dimostrazione di ciò è rappresentata dal modo in cui France 2021 riscrive la storia repubblicana romana a partire dalla questione fiscale.

[17] M. Girardin, *César était-il généreux avec les Juifs? Retour sur quelques documents cités par Flavius Josèphe (*AJ *XIV, 190-210)*.

guardo, si rivela il principio della ricerca del consenso[18]: per quanto fonti coeve o di poco successive insistano sul carattere oppressivo del governo romano e sullo sfruttamento economico della provincia, è innegabile che vi furono, da parte dei Romani, non pochi tentativi di rendere il loro dominio più accettabile possibile agli occhi dei provinciali.

D'altro canto, come ben sanno quanti si sono occupati del tema[19], le riflessioni terminologiche costituiscono un imprescindibile tassello nella ricostruzione della fiscalità antica. Sven Günther si è soffermato sull'uso del termine *publicum* in alcune iscrizioni di età imperiale connesse con la XX *libertatis*: non è chiaro, in particolare, se in esse il termine sia stato impiegato come sostantivo neutro, per indicare tutto quanto concerne la sfera pubblica, come aggettivo riferito a un sostantivo quale *servus* o *socius* o come abbreviazione di *publicanus*. L'Autore propende per la prima interpretazione, sebbene non sia del tutto da escludere la possibilità che ogni caso sia diverso dall'altro. Particolarmente significativa l'osservazione secondo la quale il termine *publicum* "seems not to have been translated into the Greek equivalent in the (albeit few) bilingual or Greek inscriptions" relative alla tassa di manomissione: ulteriori ricerche sul campo, auspicate dall'Autore, potranno contribuire a chiarire se quest'assenza fosse intenzionale e seguisse una precisa tradizione terminologica di cui ci sfuggono le motivazioni[20].

Al personale che lavorava nel campo della fiscalità sono, invece, dedicate le relazioni di Marianne Béraud e di Giovanna Daniela Merola, la prima incentrata sul personale servile, la seconda su alcuni funzionari ai vertici dell'amministrazione.

Marianne Béraud ha offerto una disamina ricchissima, chiara e completa del percorso formativo e della carriera di schiavi addetti alle dogane nella provincia dell'Illirico; sebbene i documenti analizzati siano numericamente e geograficamente esigui, proprio la ristrettezza del campo d'indagine individuato consente di ripercorrere nei dettagli un meccanismo di promozione sociale che ci sarebbe altrimenti ignoto e che può servire come utile strumento da applicare a contesti differenti e più ampi[21]. Si scopre, così, che gli uffici doganali non sono solamente luoghi di potere e di prelievi fiscali, ma anche centri di formazione del personale servile, formato da altri schiavi che possono sperare di ottenere un giorno la libertà, qualora riescano a fornire ai loro padroni servitori di pari esperienza.

Una fine indagine è quella condotta da Giovanna Daniela Merola sul termine latino *promagister* e su quello che nelle epigrafi appare come il suo corrispettivo terminologico in greco, ἀρχώνης; in modo più che opportuno, l'A. invita a considerare le differenti prospettive, quella romana e quella greca, "complementari

[18] Principio sostenuto ed efficacemente dimostrato dall'analisi di France 2021, soprattutto 113, 154 e 157.

[19] Andreau, Chankowski 2007; Wolters 2007; Kritzinger 2018; Ñaco Del Hoyo 2019; Soraci 2020; Girardin 2023a.

[20] S. Günther, *Some reflections on* publicum *in inscriptions and papyri relating to the* vicesima libertatis.

[21] M. Béraud, *Comment on devient douanier dans l'empire romain: esclavage et formation fiscale le long du Danube*.

certamente, ma non sovrapponibili". I due vocaboli non hanno, infatti, la stessa sfumatura di significato, giacché *promagister* indica "qualcuno che esercita la sua attività in provincia per la gestione tributaria", mentre ἀρχώνης evidenzia il ruolo che lo stesso personaggio rivestiva per la comunità locale e, in particolare, il suo essere capo del gruppo che operava per la riscossione delle imposte[22].

D'altro canto, lo studio di Cristina Soraci sul *frumentum mancipale* mira a riprendere un tema poco chiaro; sebbene le ricerche di Claude Nicolet avessero colto nel segno già una trentina di anni fa[23], i lavori più recenti sulla terminologia fiscale degli antichi e sul contributo cerealicolo della provincia di Sicilia all'annona imperiale inducono a rivedere le teorie dell'illustre studioso per confermarle e arricchirle di nuovi significati[24].

Infine, in un convegno in cui la partecipazione femminile è, contrariamente a quanto spesso avviene negli studi sul mondo antico, superiore a quella maschile, non poteva mancare un lavoro dedicato al contributo finanziario offerto dalle donne: nel suo articolo ricco di dati e di questioni analizzate Giulia Vettori ha esaminato alcuni casi specifici di matrone che in età imperiale hanno attinto al patrimonio ricevuto o trasmesso in eredità per finanziare opere pubbliche o per contribuire a rimpinguare le casse dello Stato attraverso il pagamento, di cui si vantavano, della *vicesima hereditatum*[25].

I capitoli che compongono il presente volume costituiscono studi particolari e non forniscono, dal punto di vista dell'amministrazione romana, che un quadro altamente impressionista, un'immagine a puntini. Ma una visione d'insieme di questi puntini mostra ampiamente la ricchezza del binomio che offre il titolo al nostro volume. Da un lato, la "fiscalità", una realtà evolutiva e variabile da luogo a luogo, sulla quale le fonti schiudono solo squarci limitati, come strette finestre aperte su pratiche così abituali e consuete che non occorreva nemmeno precisare in modo esplicito. Dall'altro lato, l'epigrafia, una scienza fondata sullo studio di iscrizioni isolate, lacunose e talora persino perdute. È l'insieme di questo spettro che è stato esaminato e che riflette l'impossibilità, ancor oggi, di proporre un panorama completo della struttura romana, perché le nostre conoscenze sono parcellizzate e le discussioni molto accese. Le questioni affrontate e analizzate con l'aiuto delle metodologie o di nuovi approcci si rivelano talvolta molto ampie; d'altro canto, alcuni dossiers poco conosciuti sono stati aperti ed esplorati. I risultati raggiunti concernono molteplici aspetti della fiscalità romana, focalizzati su svariate tipologie di iscrizioni, articolate dalla microscala alla macroscala, in uno studio appunto multiscalare di un mondo romano che si presenta estremamente diversificato.

---

[22] G.D. Merola, *Il ruolo dell'ἀρχώνης /* pro magistro *nell'organizzazione tributaria romana: le testimonianze epigrafiche*.

[23] Nicolet 1991; Nicolet 1994. Questi due articoli sono stati ripubblicati in Nicolet 2000 con altri studi importanti sulla fiscalità romana.

[24] C. Soraci, *Il* frumentum mancipale.

[25] G. Vettori, *Contribuenti straordinarie? Donne e* vicesima hereditatium.

La convinzione che la collaborazione tra esperti sul campo, unita alla diffusione – rapida e capillare grazie alle potenzialità della rete[26] – dei risultati delle ricerche possa contribuire a chiarire alcuni punti oscuri delle nostre discipline, anche quelli apparentemente destinati a rimanere insoluti, spinge a ritenere occasioni come quelle offerte dalla pubblicazione degli atti del secondo convegno su "Fiscalità ed epigrafia nel mondo romano" assolutamente preziose.

Bibliografia

Andreau J., Chankowski V. (edd.), 2007, *Vocabulaire et expression de l'économie dans le monde antique*, Bordeaux.

Arcaria F., 2024, Inter fiscum et privatos ius dicere. *Contributo allo studio del diritto fiscale romano e dei suoi rapporti con il diritto pretorio*, Napoli.

Berrendonner C., 2022, *Le peuple et l'argent. Administration et représentations du Trésor Public dans la Rome républicaine*, Rome.

Blanton IV T. R., Choi A., Liu J. (edd.), 2022, *Taxation, Economy, and Revolt in Ancient Rome, Galilee, and Egypt*, London-New York.

Cifani G., 2021, *The origins of the Roman economy*, Cambridge.

Eck W., 2020, *Conclusioni*, in C. Soraci (ed.), *Fiscalità ed epigrafia nel mondo romano.* Atti del convegno internazionale (Catania, 28-29 giugno 2019), Roma-Bristol, 35-49.

France J., 2021, *Tribut. Une histoire fiscale de la conquête romaine*, Paris.

Girardin M., 2022, *L'offrande et le tribut. Histoire politique de la fiscalité en Judée hellenistique et romaine (200 a.C.- 135 p.C.)*, Bordeaux.

Girardin M., 2023a, *Fiscalité: revue de littérature juridique à l'usage de l'histoire ancienne*, «DHA», 49/1, 109-133.

Girardin M. (ed.), 2023b, *Historiographie de la fiscalité antique*, dossier dans la revue «Archimède», 10, 77-156.

Girardin M. (ed.), 2023c, *Fiscalités antiques. Aux origines de l'administration provinciale romaine*, Roma-Bristol.

Günther S., 2021, s.v. *Steuern*, in *RAC*, 31, coll. 114-166.

Günther S., 2023, Vectigalia nervos esse rei publicae? *Three Case-Studies on Ancient Framing of Taxes in the Roman Republic beyond Modern Fiscal Discourses*, in M. Girardin (ed.), *Historiographie de la fiscalité antique*, dossier dans la revue «Archimède», 10, 143-150.

Heilporn P., 2023, *Les débris infinis d'un empire paperassier. Comment la documentation fiscale de l'Égypte romaine s'organise-t-elle?*, in M. Girardin (ed.), *Historiographie de la fiscalité antique*, dossier dans la revue «Archimède», 10, 129-142.

Kleber K. (ed.), 2021, *Taxation in the Achaemenid Empire*, Wiesbaden.

Kritzinger P., 2018, *Das römische Steuersystem in der Kaiserzeit: Überlegungen zur Begrifflichkeit und zum Einzug*, «Marburger Beiträge zur antiken Handels-, Wirtschafts- Und Sozialgeschichte», 36, 89-143.

[26] *Bibliotheca aperta*, la collana di studi in cui vedono la luce gli atti di questo come del precedente convegno, è in *open access* dopo dodici mesi dalla pubblicazione.

MARCELLESI M.-C., PONT A.-V. (dir.), 2022, *Religions et fiscalités dans le monde méditerranéen de l'Antiquité à nos jours*, Paris.

MEROLA G.D., 2013, *Leggi doganali d'Asia: testi a confronto*, «Mediterraneo Antico», 16/2, 455-470.

MEROLA G.D., 2019, Epistula Hadriani de re piscatoria, in M. Maiuro, G.D. Merola, M. De Nardis, G. Soricelli (edd.), *Uomini, istituzioni, mercati*. Studi di storia per Elio Lo Cascio, Bari, 343-352.

MEROLA G.D., 2020, De crimine vinario, in G.D. Merola, P. Santini (edd.), Lawine. *Commercio e consumo del vino nel mondo antico: aspetti giuridici*. Atti del Simposio internazionale (Napoli, 17-18 gennaio 2019), 181-193.

ÑACO DEL HOYO T., 2019, *Rethinking* stipendiarius *as Tax Terminology of the Roman Republic. Political and Military Dimensions*, «Museum Helveticum», 76/1, 70-87.

NICOLET C., 1991, Frumentum mancipale*: en Sicile et ailleurs*, in *Nourrir la plèbe*. Actes du colloque de Genève en hommage à D. van Berchem (28-29 IX 1989), Basel-Kassel, 119-141.

NICOLET C., 1994, *Dîmes de Sicile, d'Asie et d'ailleurs*, in *Le ravitaillement en blé de Rome et des centres urbains des débuts de la République jusqu'au Haut Empire*. Actes du colloque international organisé par le Centre Jean Bérard et l'URA 994 du CNRS (Naples, 14-16 février 1991), Naples-Rome, 221-226.

NICOLET C., 1998, *Introduction*, in C. Moatti (ed.), *La mémoire perdue. Recherches sur l'administration romaine*, Rome, 201-204.

NICOLET C., 2000, *Censeurs et publicains, économie et fiscalité dans la Rome antique*, Paris.

ROSSI L., 2020, *La fiscalité douanière dans l'Égypte romaine. Les documents de la pratique*, Paris.

SORACI C., 2020a, *Il lessico della sottomissione. Studi sul termine* stipendiarius, Roma.

SORACI C. (ed.), 2020b, *Fiscalità ed epigrafia nel mondo romano*. Atti del convegno internazionale (Catania, 28-29 giugno 2019), Roma-Bristol.

VALK J., SOTO MARÍN I. (edd.), 2021, *Ancient Taxation. The Mechanics of Extraction in Comparative Perspective*, New York.

WOLTERS R., 2007, Vectigal, Tributum und Stipendium – *Abgabenformen in römischer Republik und Kaiserzeit*, in H. Klinkott, S. Kubisch, R. Müller-Wollermann (edd.), *Geschenke und Steuern, Zölle und Tribute*, Leiden, 407-430.

MICHAËL GIRARDIN

« César était-il généreux avec les Juifs ? Retour sur quelques documents cités par Flavius Josèphe (*AJ* XIV, 190-210) »

DOI: 10.48255/9788891332813.01

L'Antiquité a produit de nombreuses inscriptions, qui constituent pour les historiens de précieuses mines d'informations. Mais les Anciens ont également souvent mentionné des documents prétendument gravés dont on ne possède plus trace aujourd'hui. Pour ceux-là, il n'y a nulle possibilité d'étudier leur matérialité, de faire des observations paléographiques, non plus que d'étudier le contexte archéologique. Les textes en sont tronqués, déformés au gré des projets des auteurs qui les citent plus ou moins fidèlement ; ils font corps avec une argumentation ou une narration qui leur confèrent un sens potentiellement artificiel[1]. Ils conservent toutefois des informations qui demeurent utiles pour les historiens.

Il y a peu de grandes inscriptions au Levant sud hellénistique et romain, et aucune, semble-t-il, ne concerne les questions fiscales. L'habitude épigraphique ne se développe dans la région qu'après la disparition de la Judée, dans la nouvelle province de Syrie-Palestine créée en 135 de notre ère. Werner Eck a démontré que les grandes inscriptions en latin qui sont installées après cette date participent de la démonstration publique de la victoire romaine sur le rebelle Simon bar Kokhba[2]. Parmi les plus de six mille inscriptions réunies dans l'actuel projet du *Corpus Inscriptionum Iudaea/Palaestinae*, il n'y a presque pas d'information fiscale. Même l'ensemble de documents que l'on s'apprête à étudier, préservés dans les *Antiquités Juives* de Flavius Josèphe (*AJ*), malgré leur importance pour le peuple

[1] De nombreux exemples proviennent de l'époque hasmonéenne de la Judée, comme les documents que l'on s'apprête à examiner. Par exemple les lettres royales citées de manière trompeuse dans les livres des Maccabées, voir tout récemment Ma 2020. Plus proche de notre projet, voir aussi le décret en faveur de Simon l'Hasmonéen, gravé sur bronze, avec lequel la narration du chapitre 14 du premier livre des Maccabées entretient une nette tension, comme l'a montré Schwartz 2017.

[2] Eck 2002 ; Eck 2003 ; Eck 2009.

juif, ne se trouvaient pas à Jérusalem, mais, pour une partie d'entre eux, gravés en latin à Rome et en grec à Sidon, Tyr et Ascalon.

On sait en effet que les régions alentour pouvaient afficher des inscriptions plus ou moins liées à la Judée. Parmi celles-là, on compte la fameuse inscription de Ponce Pilate, érigée dans le territoire de la cité de Césarée et non en Judée (c'est-à-dire le territoire de Jérusalem[3]), ou bien, toujours à Césarée, le *curriculum* du gouverneur consulaire de Judée Cassonius Gallus (*CIIP* 2,1227), ou encore, à Dor, deux inscriptions en l'honneur du gouverneur Gargilius Antiquus[4]. Ces documents ont été trouvés là où stationnaient les unités militaires, dans les territoires des communautés grecques et jamais en « Judée » proprement dite. Cela ne veut pas dire qu'il n'y avait pas d'inscription du tout en Judée : plusieurs ont été découvertes et les textes littéraires laissent bien voir que le mont du temple était un lieu d'affichage pour ce qui concernait le culte ; on y gravait le nom d'importants donateurs[5]. Les synagogues abritaient pareillement des documents commémorant des offrandes et des dons[6]. Mais il n'y a que peu d'inscriptions *romaines*, et bien moins encore à propos d'affaires gouvernementales avant bar Kokhba.

Cela est remarquable, puisqu'un siècle et demi plus tôt, Antiochos III avait installé un πρόγραμμα à l'entrée du mont du Temple, selon Josèphe, et cela apparaît comme une pieuse action[7]. Mais beaucoup d'événement ont eu lieu entre la conquête séleucide de la Cœlé-Syrie et l'arrivée des Romains dans la région. Après le soulèvement des Maccabées, les dynastes juifs s'efforcent de donner l'impression qu'ils sont indépendants et, puisque la Judée n'a jamais été conquise par les armées romaines mais s'est toujours volontairement soumise aux *imperatores*[8], il se peut que l'absence d'inscriptions romaines avant la *damnatio memoriae* de la province en 135 soit en quelque sorte le résultat d'un compromis tacite ou négocié. Les inscriptions étaient confinées aux marges. Il se peut aussi que beaucoup aient été publiées sur du bois, devenant ainsi volontairement périssables, en raison de leurs objectifs impopulaires[9].

Si, du côté de la papyrologie, on a la chance de connaître une trentaine de parchemins de nature fiscale provenant du début du IIe siècle de notre ère[10], cela

---

[3] Mason 2019, 231-236, propose de comprendre le Levant Sud comme un ensemble de *poleis* au sens classique du terme. Rome aurait attribué à l'une d'entre elles, Jérusalem, l'hégémonie sur les autres cités au temps de César, après la réduction de son influence par Pompée. L'auteur conteste l'idée que Césarée se trouvait « en Judée » avant la guerre juive (p. 236 et 240-241).

[4] Gera & Cotton 1991 = *CIIP* 2,2122 ; Gambash & Yasur-Landau 2018.

[5] Voir par exemple 1 Maccabées 11,37 et 14,26, Bickerman 1947 et Isaac 1983.

[6] Quelques exemples dans Runesson, Binder & Olsson 2010, 129-170. À Jérusalem, l'inscription de Theodotos est célèbre : *CIJ* II 1404 = *CIIP* 9. On peut se rappeler l'incitation dans le Talmud de Jérusalem à inscrire le nom des donateurs sur les offrandes : *y. Meghilla*, III, 2.

[7] *AJ* XII, 145-146. See Bikerman 1946.

[8] Y compris en 63 av. J.C. : lorsque Pompée s'empare de Jérusalem par la force, c'est afin d'y réinstaller Hyrcan II, le grand prêtre légitime, contre son frère rebelle.

[9] Telle est l'explication de Sylvie Pittia à propos de l'absence d'inscriptions en Sicile. Voir Soraci 2020, 706.

[10] Girardin 2019.

demeure peu de choses et reste tardif. Du côté des inscriptions, la situation paraît encore plus indigente.

L'épigraphie concernant la Judée s'avèrerait donc décevante pour un examen des questions fiscales, si Flavius Josèphe n'avait prétendu conserver les citations de quelques documents, dont une partie au moins avait été gravée. Il présente notamment un ensemble de mesures attribuées à Jules César, promulguées entre 47 et 44 av. J.C. Ces *Acta Caesaris* ont parfois été interprétés comme une preuve de profonde *amicitia*/φιλία entre César et le peuple juif[11] ; quelques historiens ont même cru que César désirait établir le peuple juif dans une situation privilégiée au sein du nouvel État qu'il envisageait, comptant sur ses communautés dispersées comme autant de relais à son pouvoir[12]. En étudiant les mesures fiscales de ces documents, on peut soutenir que l'*amicitia*/φιλία manifestée n'était qu'une expression purement politique, enracinée dans les pratiques de gouvernement hellénistiques, dissimulant un rapport de dépendance afin de satisfaire les attentes juives. Il n'y a aucune preuve que la politique fiscale césarienne était plus favorable aux Juifs que celle de Pompée, le premier à avoir levé un impôt sur ce peuple, malgré l'impression que Flavius Josèphe essaie de donner. Dans cet ensemble de documents, c'est un ensemble complexe de continuité et de négociations que l'on peut observer, non une bienfaisance toute particulière de César.

1. Le texte

Il n'y a nulle raison de comprendre cet ensemble de textes comme une « charte » dans le sens d'une protection officielle et définitive de tous les Juifs de l'*imperium Romanum*, comme cela a pu être pensé autrefois[13]. Ce sont des mesures ponctuelles, mélangées dans un ordre chaotique par Flavius Josèphe, et elles ne concernent que les relations entre la République romaine, représentée par César, et l'ethnarchie juive, représentée par Hyrcan II. C'est un ensemble de documents diplomatiques, non une « charte ».

Le texte est difficile. De nombreuses phrases n'ont pas de sens apparent et de nombreux mots semblent manquer. Plusieurs hypothèses ont été avancées afin de reconstruire le destin de ce texte, peut-être altéré durant le Moyen Âge, peut-être mal recopié par Josèphe, peut-être même déjà incompréhensible avant d'avoir été copié par lui[14]. Plusieurs documents sont mélangés : deux selon Ward et Eilers[15], trois selon Pucci ben Zeev, Udoh et Seeman[16], davantage selon Momigliano[17] ou

[11] Juster 1914, 217 ; Grant 1973, 59.

[12] Ginsburg 1928, 87.

[13] L'absurdité d'une telle interprétation a été démontrée par Rajak 1984. Il ne s'agit pas non plus d'une « véritable charte pour la Palestine », malgré Saulnier 1981, 173.

[14] Ward & Eilers 2012.

[15] *Iid.*, 425-426.

[16] Pucci ben Zeev 1998, 31-106 ; Udoh 2005. 32-41 ; Seeman 2013, 322-333.

[17] Momigliano 1934, 200-201.

Zack, ce dernier auteur s'appuyant sur les titres césariens employés dans ces documents[18]. On peut exclure de la discussion le décret reconnaissant la loyauté des Juifs (*AJ* XIV, 211-212), la lettre envoyée aux autorités de la cité de Parion afin de leur ordonner de laisser les Juifs convoyer leurs monnaies sacrées à Jérusalem (*AJ* XIV, 213-216), ainsi que le dernier fragment du *senatus consultum* confirmant les *Acta Caesaris* (*AJ* XIV, 219-222), puisque ces documents n'octroient aucune concession à l'ethnarque juif, ni n'établissent aucune législation concernant la Judée.

Voici la structure possible de cet ensemble de textes, principalement fondée sur la reconstruction d'Udoh[19].

AJ, XIV 190-191	**Doc. 1 : Lettre de César à Sidon, juin 47 av. J.C.**	
	190	*Adresse* : Caius Julius Caesar, *autokrator*, *pontifex maximus* (ἀρχιερεὺς), *dictator* (δικτάτωρ) pour la deuxième [fois], aux magistrats (ἄρχουσιν), au conseil (βουλῇ) et au peuple (δήμῳ) de Sidon
	191	*Objectif* : envoi d'une copie d'un décret, afin qu'il soit inscrit en latin et en grec sur une stèle de bronze.
192-195	**Doc. 2 : Contenus du décret, juin 47 av. J.C.**	
	192 193	*Préambule* : - Loyauté et zèle d'Hyrcan II dans la paix comme dans la guerre. - Aide militaire d'Hyrcan II alors que César était en Égypte, puis contre Mithridate. - Bravoure d'Hyrcan II.
	194 195	*Dispositions* : - Hyrcan et ses fils seront ethnarques et grands prêtres à perpétuité, selon leur coutume ancestrale[20]. - Hyrcan et ses fils seront amis (φίλοι) et alliés (σύμμαχοι). - Hyrcan et ses fils conserveront toutes leurs prérogatives sacerdotales (ἀρχιερατικὰ) et leurs privilèges (φιλάνθρωπα). - Hyrcan et ses fils seront juges dans les affaires coutumières. - Il sera interdit aux Romains de prendre leurs quartiers d'hiver en Judée ou de demander de l'argent (χρήματα) aux Juifs.

[18] Zack 2018.

[19] Udoh 2005, 33-41.

[20] La mention de la perpétuité et des fils semblerait faire doublet. À propos d'un document similaire, la stèle de bronze en l'honneur de Simon l'Hasmonéen conservée en 1 M 14, Williams 1999, 124 proposait que le décret évoque la prêtrise « à vie », ainsi qu'à ses fils.

196-198	**Doc. 3 : Fragment du *senatus consultum* confirmatoire, octobre 47 av. J.C.**[21]	
	196	*Dispositions* : - Hyrcan et ses fils gouverneront (ἀρχῄ) les Juifs avec tous leurs territoires. - Le grand prêtre et ethnarque sera le protecteur de tous les Juifs injustement traités.
	197	- Des ambassadeurs seront envoyés à Hyrcan II afin de discuter d'amitié et d'alliance. - Des copies de bronze de ces dispositions en latin et en grec seront érigées à Sidon, Tyr, Ascalon et sur le Capitole.
	198	*Publicité* : - Le décret sera envoyé aux trésoriers (ταμίαις) et gouverneurs (ἡγουμένοις) de chaque cité et peuple sujet. *Accueil des ambassadeurs* : - ξένια (hospitalité et/ou présents) est requise pour les ambassadeurs (Juifs ou Romains ?) *Publicité :* - Les διατάγματα seront envoyés partout[22].
199	**Doc. 4 : Fragment du même *senatus consultum* ?**[23]	
	199	*Adresse* : Caius Caesar, *autokrator*, *dictator*, consul *Préambule* : - Reconnaissance de l'honneur d'Hyrcan II (τιμή), de sa valeur (ἀρετή), de son humanité (φιλανθροπία). *Disposition* : - Hyrcan et ses fils seront grands prêtres [et ethnarques ?[24]] pour Jérusalem et le peuple juif[25], avec tous les droits et prérogatives afférant.

[21] Selon SCHÜRER 1973, 273-274, les versets 196-210 proviennent de quelques fragments du même *senatus consultum* de 44 av. J.C., les dispositions n'ayant pas été ratifiées en 47. Selon JUSTER 1914, 138-139, ce fragment serait une lettre adressée par César au Sénat.

[22] En suivant l'émendation de WARD & EILERS 2012, 416, καὶ τὰ διατάγματα διαπέμψαι πανταχοῦ semble être une corruption de la formule κατὰ τὰ διάταγμα, "according to official procedure", l'expression διαπέμψαι πανταχοῦ étant superflue puisque les lieux de publication du décret ont déjà été mentionnés.

[23] Pour les diverses propositions de date de ce fragment spécifique depuis 48 av. J.C. (MOMIGLIANO 1934, 12 ; SCHÜRER 1973, 274 ; SEEMAN 2013, 326-328) – parce que Hyrcan est nommé grand prêtre et non encore ethnarque – jusque 44 av. J.C., voir PUCCI BEN ZEEV 1998, 69-73, qui estime que l'argument *e si*lentio pour l'année 48 est faible.

[24] En suivant l'émendation de ἀρχιερεῖς τε καὶ ἱερεῖς en ἀρχιερεῖς τε καὶ ἐθνάρχας proposée par REINACH dans son édition des *AJ* en 1904, toujours acceptée dans l'édition de VILLENEUVE, NODET, DAN, PARMENTIER 2021.

[25] Cela ne doit pas inclure la diaspora, malgré GINSBURG 1928, 89-92.

200-201	**Doc. 5 : Fragment du *senatus consultum* de 44 av. J.C.?**	
	200	*Dispositions territoriales* : - Les Juifs posséderont Jérusalem, avec le droit d'ériger un mur autour de la cité. - Hyrcan II administrera Jérusalem selon sa volonté.
	201	*Dispositions fiscales* : - Pour la deuxième année de la ferme des revenus (τῆς μισθώσεως τῆς προσόδου), ils bénéficieront d'une réduction d'un *kor*[26] (κόρον ὑπεξέλωνται), sans travail forcé (μήτε ἐργολαβῶσί) ni ne paieront le même tribut (μήτε φόρους τοὺς αὐτοὺς τελῶσιν).
202-210	**Doc. 6 : Fragment du *senatus consultum* confirmatoire, octobre 47 av. J.C.**[27]	
	202	*Dispositions concernant le tribut de Judée*[28] : - Chaque année les Juifs paieront pour la cité de Jérusalem, Joppé exceptée[29]. - Exemption de l'année sabbatique.
	203	*Dispositions techniques concernant le tribut juif* : - Le tribut (φόρος) sera payé à Sidon la deuxième année. - Le tribut s'élèvera au quart de ce qui a été semé (τὸ τέταρτον τῶν σπειρομένων). - La dîme ancestrale sera reçue par Hyrcan et ses fils.
	204	*Autres dispositions tributaires* : - Interdiction de lever des forces auxiliaires en Judée. - Interdiction de percevoir de l'argent (χρήματα) pour hiverner les troupes. - Les Juifs seront libres de toute exigence.
	205	*Reconnaissance des territoires conquis*[30] : - Les diverses possessions juives en-dehors de la Judée sont reconnues. - La possession juive de Joppé est confirmée.

[26] Le *kor* est une unité de mesure liquide locale de 210 à 450L, voir Girardin 2019, 21. Le sens de cette réduction n'est pas clair. L'ensemble du verset pose d'importantes questions techniques.

[27] Cette date est celle adoptée par Pucci ben Zeev 1998, 84 ; Udoh 2005, 38-40 ; Seeman 2013, 329, suivant l'émendation de Niese de αὐτοκράτωρ τὸ δεύτερον en αὐτοκράτωρ δικτάτωρ τὸ δεύτερον, c'est-à-dire, non « *imperator* pour la deuxième fois », mais « *imperator*, dictateur pour la deuxième fois ». Les versets 207-212 étaient datés de 44 av. J.C. par Juster 1914, 139 et 158, ainsi que par Moehring 1975.

[28] Momigliano 1934, 14-16 date les versets 202-204 de 46 av. J.C.

[29] Et non « et pour Joppé », malgré Heichelheim 1938, 232. Voir Momigliano 1934, 22 ; Schalit 1969, 779-780.

[30] Pour Juster 1914, 141, le verset 205 date de 44 av. J.C. Mais voir Momigliano 1934, 15-16 et 19 ; Schürer 1973, 273-274 ; Pucci ben Zeev 1998, 93-94 ; Udoh 2005, 38-39 ; Seeman 2013, 330.

	206	*Dispositions concernant le tribut de ces territoires* : - Hyrcan et ses fils paieront des tributs (φόρους) pour Joppé : 20.675 *modii* (de blé ?) comme prix de l'exploitation du port (λιμένος ἐξαγωγίου) - L'impôt de Joppé est payable annuellement à Sidon. - Exemption de l'année sabbatique
	207 209	*Diverses reconnaissances* : - Les villages de la plaine de Jezréel seront juifs comme autrefois. - Les pouvoirs des grands prêtres sont conservés. - Les privilèges (φιλάνθρωπα) reçus des Romains seront conservés. - Tous les territoires syriens seront détenus par Hyrcan (?).
	210	*Privilèges* : - Hyrcan et ses fils, de même que leurs ambassadeurs, recevront le privilège d'assister aux jeux du cirque parmi les sénateurs. - S'ils doivent être reçus par le Sénat pour quelque requête, l'affaire devra être traitée en moins de dix jours.

L'origine de ces divers documents et la manière dont ils sont parvenus jusqu'à Josèphe sont des questions complexes et peu utiles pour notre propos. L'auteur affirme que beaucoup d'autres documents peuvent se lire au Capitole (*AJ* XIV, 266), mais cela ne veut pas dire qu'il affirme les avoir lus en cet endroit[31]. Peut-être a-t-il eu accès aux copies envoyées par les magistrats de plusieurs cités, de documents conservés dans leurs archives, qui leur ont été demandées après la perte de trois mille décrets dans l'incendie du Capitole en 69 de notre ère (Suétone, *Vespasien* VIII, 9), ainsi que l'a proposé Sharon[32]. Toutefois, il est peu vraisemblable que les Flaviens aient souhaité rétablir les dispositions anciennes à l'égard des Juifs, alors qu'ils célébraient sur leurs monnaies *IVDAEA CAPTA* : la Judée conquise. Peut-être Josèphe a-t-il plutôt eu accès à des copies de fragments de documents, conservés par des communautés juives de tout l'empire avec lesquelles il était en contact[33]. En tout cas, la plupart des spécialistes acceptent l'authenticité fondamentale de ces fragments.

Plus intéressante est la manière dont l'historien antique les insère dans son projet rédactionnel. Rajak a montré qu'il compile de nombreux décrets locaux apportant quelques droits aux Juifs, afin de conclure que les Romains ont été toujours « amis » et « alliés » des Juifs (*AJ* XIV, 266-267)[34]. Son usage de ces mots voile le rapport de sujétion qu'ils impliquent et fait des pouvoirs les garants de la

[31] Villeneuve, Nodet, Dan, Parmentier 2021, 241.
[32] Sharon 2017, 32-35.
[33] Pucci ben Zeev 1994, 57-58.
[34] Rajak 1984.

protection de l'identité juive. Les *Acta Caesaris* sont insérés dans une accumulation de copies de fragments d'inscriptions et autres documents, de sorte que leur sens dans le projet joséphien ne réside plus dans leur contenu, mais dans l'interprétation qu'il leur donne. Josèphe tâche de démontrer que César était un bienfaiteur des Juifs et les considérations fiscales, ici comme dans toute son œuvre, restent extrêmement éloignées de son intérêt[35]. On doit donc dissocier les documents de la narration afin de questionner les conclusions de Josèphe : César a-t-il réellement offert d'importants et nouveaux bienfaits aux Juifs ?

2. Aucune preuve d'une fiscalité plus légère

Malheureusement, il est difficile de compter sur Josèphe pour travailler sur la fiscalité en Judée. Il fournit trois notices à propos du système fiscal pompéien. Deux sont très courtes. Dans la seconde (*AJ* XIV, 74), il écrit que Pompée a assujetti Jérusalem à un tribut (φόρος) ; dans la première, il ajoute la χώρα (*BJ* I, 154). Plus tard, dans ses *Antiquités Juives*, il écrit d'une façon allusive que, « en peu de temps, les Romains ont collecté 'sur nous' plus de dix mille talents » (*AJ* XIV, 78). Tandis que le projet des deux premières notices était de présenter les dispositions prises par Pompée, en ajoutant surtout qu'il fut pieux et vertueux, dans la troisième, Josèphe se plaint de la misère du peuple, estimant que la guerre civile juive est la cause de cette déchéance. L'historiographie a généralement admis le montant présenté et les questions tournent autour de la durée précise de ce « peu de temps », donnée qui permettrait peut-être de calculer le poids de l'impôt romain[36]. De telles spéculations sont de peu d'intérêt ici. Il suffit de comprendre que nous ne possédons pas d'information réelle sur le système fiscal établi par Pompée[37]. On sait seulement que le général romain a laissé Hyrcan II en fonctions et qu'il a levé un tribut sur l'ethnarchie. Mais le montant si rond de « dix mille talents » et la mention très vague de ce « peu de temps » incitent à penser qu'il vaut mieux rester prudent dans l'analyse.

D'autres sources littéraires révèlent que la prise de Jérusalem par Pompée fut un choc pour beaucoup de Juifs. Dans les *Psaumes de Salomon*, par exemple, trois auteurs différents accusent le général romain d'avoir souillé le lieu sacré. À Qumrân, quelques *pesharim* (commentaires de livres bibliques appuyés sur l'actualité du commentateur) contiennent l'idée qu'il a injustement pillé les Juifs[38]. L'impression est donc négative et, dans la recherche, on trouve souvent une opposition drastique entre l'offense de Pompée et la bienveillance de César. Le problème est que l'on ne possède pas d'autre source que Josèphe lorsqu'il s'agit de travailler sur la politique de César en Judée. Cela devrait rendre prudent : qui sait

[35] Martinez-Sève 2007, 412.
[36] Voir par exemple Udoh 2005, 27.
[37] Girardin 2022, 215-220.
[38] Références in *ibid.*, 218-220.

si son époque était exclue ou non de ce « peu de temps » au cours duquel, selon Josèphe, l'extraction fiscale était excessive ? Qui sait si César n'a pas rencontré quelque contestation en Judée, dont la voix ne serait simplement pas parvenue jusqu'à nous ? Il n'est donc pas certain que César était plus populaire que Pompée, ou que son décret a suffi à pacifier la région. On ne peut pas comparer, d'un côté, une complainte de Josèphe sur la misère de peuple au temps de Pompée, avec, de l'autre côté, des fragments d'un ensemble de décrets officiel de César ou du Sénat, établissant les conditions fiscales et diplomatiques de l'ethnarchie juive. Cela, en particulier parce que Josèphe fournit une image positive de Pompée en d'autres occasions. Il fait même avec lui un parallèle du futur général Titus, qui garde chez lui le rôle du véritable protecteur du temple face aux rebelles impies qui ont souillé le sanctuaire. Ainsi, ces deux textes sont trop différents et leurs objectifs argumentatifs trop éloignés pour être comparés de cette manière.

Il n'est même pas certain que César ait touché au montant du tribut, puisque l'on ne sait virtuellement rien de concret de la législation pompéienne, non plus que des réformes de Gabinius, en 55 av. J.C. Celui-ci semble avoir surtout cherché à établir un ensemble de cours locales, les sanhédrins, afin de renforcer l'échelon local du prélèvement, dans une époque où la résistance armée au pouvoir romain semble avoir été forte. Il pourrait même avoir œuvré à réduire les abus des *publicani* afin de rendre le tribut romain moins oppressant. Néanmoins, Gabinius ne semble pas avoir touché au montant du tribut pompéien, qui demeure inconnu[39]. L'impression que les temps sont meilleurs pour le peuple juif après la défaite de Pompée est effectivement donnée par Josèphe, mais il s'agit d'un élément de son projet rédactionnel. Il compile des documents différents dans leur nature, afin d'écrire une histoire embellissant les relations entre le peuple juif et les empereurs dans la lignée de César (ainsi que le fait plus tard Suétone avec ses vies des douze Césars), puisque son objectif est de défendre l'idée que les bons gouvernants romains ont toujours favorisé les Juifs. César apparaît tel un soleil au milieu des ténèbres, après les actions de Pompée, de Gabinius et de Crassus, à propos duquel il ne rapporte que le pillage du temple destiné à financer sa campagne parthique. On peut douter de l'historicité de cette spoliation[40] qui favorise le projet littéraire de Josèphe. Sans doute peut-on même douter de cette « relation spéciale » entre César et le peuple juif. Il était dans l'intérêt de César comme des élites juives (soit Hyrcan II lui-même, soit à plus long terme, puisque le premier ministre d'Hyrcan II, Antipater, fut le père du futur roi Hérode qui a développé une intense propagande proromaine), de soutenir que l'ordre qu'ils établissaient était bénéfique à tous. Cela pu convaincre beaucoup de gens[41], mais il s'agit essentiellement d'une position politique. Cette rhétorique n'a pas nécessairement

[39] Sur la réforme de Gabinius, voir *ibid.*, 229-232.

[40] *Ibid.*, 232-233.

[41] Selon Suétone, *César* 84, les Juifs étaient nombreux à veiller auprès du tombeau de César. Cela prouve l'image très favorable qu'il a su se construire, mais n'implique pas qu'il était particulièrement favorable à ce peuple, encore moins qu'il était généreux dans ses dispositions fiscales.

eu d'effet sur les conditions économiques du tribut. Que tous s'émerveillent de quelques mesures symboliques suffit à alléger le tribut, non dans son coût, mais dans son acceptabilité.

3. Un tribut moins visible

Il est tout à fait possible que le poids économique du tribut fût réduit par les décisions de César, mais cela ne peut pas être prouvé, seulement supposé[42]. Par quatre décisions, toutefois, il l'a rendu plus acceptable par son invisibilisation relative.

D'abord, il exempte l'année sabbatique, celle durant laquelle les Juifs n'ensemencent pas leurs terres (*AJ* XIV, 202 et 206). Il incorpore ainsi la reconnaissance des obligations religieuses juives dans le système fiscal romain et rend les deux sphères compatibles. Les historiens supposent donc en général que Pompée n'a pas offert une telle exemption ; on se souvient d'ailleurs qu'il avait lui-même profité des prohibitions du sabbat pour s'emparer de Jérusalem (*BJ* I, 146-151 ; *AJ* XIV, 64-68). Cependant, le contexte était celui d'une guerre contre un parti séditieux, alors qu'il aidait Hyrcan II, le grand prêtre « légitime », dans son combat contre l'usurpateur Aristobule II. Sa politique ultérieure à l'égard du sabbat peut difficilement être déduite de cet événement. Toujours est-il que César est le premier Romain dont la reconnaissance de l'année sabbatique est attestée. Comme le peuple juif était très sensible aux questions fiscales et à leurs relations avec les obligations cultuelles depuis la révolte des Maccabées[43], la crédibilité d'une telle mesure est forte, mais son attribution à César repose sur le seul témoignage de Josèphe. Il se peut que Hyrcan II ait demandé cette exemption durant les négociations, comme une marque très importante de respect pour les lois des Juifs. Du point de vue romain, le coût était sans doute faible d'éviter des difficultés et de potentielles violences en renonçant à des impôts non-rentables durant ces années. Cela n'était pas trop cher payer contre la paix et l'ordre. Ce pragmatisme suffisait à passer pour un maître généreux et respectueux.

Deuxièmement, il ajoute à l'ethnarchie quelques territoires qui lui avaient été retirés par Pompée. Le port de Joppé est ainsi rendu à Hyrcan II, de même que la plaine de Jezréel (*AJ* XIV, 205 et 209). Ces additions restent largement inférieures à la perte territoriale subie à l'époque des campagnes de Pompée, mais César souhaite clairement ajouter quelque démonstration de sa très politique bienveillance. En conséquence, les revenus d'Hyrcan II sont probablement accrus, en particulier parce que la « Grande Plaine » de Jezréel est alors prospère et que Joppé est un port

[42] Qu'il n'y eut que de légères modifications a déjà été proposé par Saulnier 1981, 177-178 ; Firpo 2000, 137-140 (les seuls changements seraient l'abolition du service militaire et la suppression des sanhédrins de Gabinius) ; Curran 2005, 76 (le seul changement serait la suppression des *publicani*). Mais Morrell 2017, 81-82 et Girardin 2022, 220 et 241 doutent de la présence des *publicani* en Judée même avant cette date.

[43] *Ibid.*, *passim*.

important, qui rend aux Juifs leur accès à la mer. L'effet économique de ces concessions peut avoir contribué à alléger le poids relatif de l'imposition sur les Juifs, même si César n'a pas effectivement réduit la somme globale demandée par Pompée. Il est ainsi possible que la fiscalité ait été allégée, sans que le montant soit changé, par la concession de nouveaux revenus. En échange pour Joppé, César ne demande qu'une somme « ridiculement faible » en grain[44]. On peut se souvenir que les conditions concernant Joppé sont proches de celles qui avaient été autrefois discutées entre Simon l'Hasmonéen et le roi séleucide Antiochos VII (1 M 15,31 et 35), puis négociées entre le même roi et Jean Hyrcan Ier après la reddition de Jérusalem en 132 av. J.C. (*AJ* XIII, 246)[45]. Deux fois déjà, des dynastes juifs avaient demandé le droit de posséder Joppé en échange d'un tribut recognitif. Cette clause dans les *Acta Caesaris* est peut-être l'héritage de cette politique hasmonéenne et une nouvelle preuve, à la fois des attentes juives, et de l'existence de négociations antérieures à ces décrets. César se serait donc conformé à ce qui était l'horizon politique des Juifs du parti avec lequel il négociait ; sa bienveillance serait un acte purement politique, de coût relativement modéré, mais à l'efficacité importante pour asseoir l'acceptabilité du pouvoir romain.

Troisièmement, César exempte les Juifs du service militaire dans le corps des auxiliaires, en respect de leurs interdits religieux (*AJ* XIV, 204), mais cela ne concerne que la Judée. On sait, par ailleurs, que des Juifs ont servi dans l'armée romaine ; y compris des Juifs de Judée désirant servir, sans y être contraints[46]. Il les dispense aussi de garnison (*AJ* XIV, 195 et 204) et des prélèvements, que l'on appellerait *munera*, liés aux activités militaires (*AJ* XIV, 195 et 204). Ce sont des conditions ordinaires dans le monde romain, mais qui révèlent encore l'existence de négociations. En effet, depuis longtemps les dynastes hasmonéens préfèrent payer un tribut plutôt que d'accueillir une garnison étrangère. Quand Jean Hyrcan Ier négociait la reddition de Jérusalem, par exemple, il a échangé la menace d'une garnison contre un tribut accru (*AJ* XIII, 247). La question de la sacralité de la terre dans le judaïsme ancien est considérablement éloignée de notre propos, mais quelques mots sont utiles. Les Juifs, après le soulèvement maccabéen, ne tolèrent plus de vivre avec les peuples « païens » en Judée. Cette question se trouve au cœur des violences qui culminent dans la grande révolte juive, un siècle plus tard[47]. Ainsi, César doit avoir reçu les requêtes du parti juif, soit de la part d'Hyrcan II, soit de la part d'Antipater son ministre, et les avoir prises en compte, alors qu'il souhaitait trouver les conditions d'un accord acceptable pour les Juifs. Ce faisant, la situation qu'il établit n'est pas sans rappeler les formes d'autonomie, non d'indépendance, expérimentées par les Hasmonéens sous la domination séleucide[48].

---

[44] L'expression est de Safrai 1994, 223.

[45] Sur la reddition de Jérusalem et les négociations au temps d'Hyrcan I, voir Girardin 2021.

[46] Roth 2007, 417-420 ; Zeichmann 2018, 6-7 ; Berthelot 2021, 203-205.

[47] Mason 2016.

[48] A propos de l'autonomie hasmonéenne, voir par exemple Dąbrowa 2004 ; Eckhardt 2016 ; Chrubasik 2021 ; Girardin 2022, 185-215 ; Gruen 2022.

Là encore, il répond à une attente et restaure des conditions ancestrales. Sa générosité est bien informée et paraît avoir été préparée lors de tractations dont on ne possède que l'aboutissement.

La quatrième concession n'est en général pas même remarquée. César, afin de rendre les impôts romains plus invisibles, donc plus acceptables, accentue leur caractère indirect. Il ne s'agit pas de dire que les Anciens comprenaient les impôts comme « directs » ou « indirects » ; cette distinction est un anachronisme et ne correspond qu'à une vision moderne de la fiscalité. Même aujourd'hui, des spécialistes du droit fiscal doutent de son utilité[49]. Dans le système fiscal romain, la véritable distinction se trouvait entre les *tributa* (ou *stipendia*), c'est-à-dire les revenus établis en vertu d'un *census*, de montant prédictible, et les *uectigalia*, les autres revenus qui ne pouvaient être calculés à l'avance[50]. Dans les cités grecques non plus, il n'y avait pas de distinction entre les impôts « directs » et « indirects », mais entre les prélèvements patrimoniaux et ceux qui allaient à une puissance étrangère, tributaires[51]. En fait, le sens concret d'un impôt que l'on dit « indirect », dans un sens moderne, signifie qu'il transite par un intermédiaire. Il s'agit d'une façon moderne de définir les mécanismes d'extraction, non d'une caractérisation de l'impôt. Puisque l'Antiquité en général faisait un usage considérable des fermiers et puisque de nombreux systèmes fiscaux de l'époque tardo-républicaine reposaient sur les cités ou les communautés collectivement assujetties au tribut, dans un sens purement technique, on pourrait dire que la fiscalité « directe » n'existait pas dans l'Antiquité[52]. Les impôts étaient levés sur des communautés qui les répartissaient entre les payeurs : c'est une manière indirecte de collecter les revenus publics. La République prélève sur les impôts « locaux » ou « patrimoniaux » des cités, sans avoir directement affaire avec les contribuables.

Prenant en compte le sens technique de ces mots, non afin de caractériser de manière anachronique des impôts antiques, mais pour mieux démontrer le fonctionnement pratique du prélèvement, on peut atteindre une idée originale concernant les *Acta Caesaris*. En effet, si même le tribut pompéien était indirect, transitant par les comptes de l'ethnarchie, la distance entre les payeurs et le pouvoir romain est devenu plus grande après les réformes de César qu'auparavant et, dès lors, le rôle des Romains dans le prélèvement en devient plus invisible. Ce n'est plus une somme forfaitaire levée sur les revenus d'Hyrcan II, mais un ensemble de paiements spécifiques assis sur la production réelle, transitant par les mains de multiples acteurs avant d'arriver effectivement entre les mains romaines. Ces impôts sont mieux distingués et plus ils sont nombreux, moins leur montant est élevé. L'intérêt psychologique de cette stratégie fiscale pour l'acceptabilité est bien connu. Ils sont payés pour des objectifs précis, comme la possession de Joppé par exemple, c'est-à-dire comme le prix de certains avantages. Plus important, ils ne

---

[49] Grosclaude & Marchessou 2015, 10.

[50] Günther 2008, 14-24.

[51] Chankowski 2007 ; Carrara 2017, 653.

[52] Girardin 2023, 127.

sont pas directement payés par chaque contribuable au trésor romain, mais au grand prêtre ; celui-ci ne les remet pas à des *publicani*, ni à un gouverneur romain, mais « à Sidon », expression vague qui dissimule le véritable pouvoir fiscal. Plus les intermédiaires sont nombreux, moins la sujétion est visible.

Avec ce cadre d'analyse, les actes césariens s'avèrent très sensés, et utiles. Même sans diminuer le niveau réel d'imposition, il peut rendre le tribut romain presque invisible et, en retour, plus acceptable. Cette construction garde les officiers romains hors de Judée et les variations de la structure fiscale maintiennent quelques territoires « grecs » (comme Joppé) sous l'hégémonie des Juifs, sans pour auteur leur en confier la pleine propriété, puisqu'ils paient un φόρος (tribut, bail, rente) pour en jouir. Le tribut juif est rendu presque invisible, tandis que le privilège de posséder Joppé est durablement souligné par un paiement recognitif.

Le texte mentionne ainsi, pour le tribut de Jérusalem, non une somme forfaitaire (comme le tribut de Joppé), mais un « quart de ce qui a été semé », payable à Sidon annuellement (*AJ* XIV, 202-203). Il évoque aussi la dîme « traditionnelle » versée par les Juifs à leur grand prêtre, qui est garantie (*AJ* XIV, 203). Il ajoute vingt mille six cent soixante-quinze *modii* (de grain ?) par an, payables à Sidon annuellement pour la possession du port de Joppé et des revenus du commerce (*AJ* XIV, 206). Pour chacun de ces prélèvements, le peuple juif et ses autorités reçoivent une compensation, tandis que la participation des *publicani* est exclue[53], avec les frustrations et les abus qui l'accompagnent ordinairement. Ce modèle rend presque invisible la présence romaine en Judée.

César installe le personnel administratif d'Hyrcan II au fondement du système romain de collecte fiscale, en ce sens que, après les divers décrets, le tribut romain est collecté sur les revenus d'Hyrcan. L'ethnarque l'envoie en-dehors de Judée et agit ainsi comme un intermédiaire entre le contribuable et les autorités romaines. L'effet est probablement d'accroître le montant des impôts de chaque payeur, du fait d'une pression supérieure sur le budget de l'ethnarchie, mais ce ne sont pas des impôts romains qu'il s'agit de payer. Seul Hyrcan II paie des impôts romains. Par cette modification technique de la structure, César réduit la charge politique et symbolique de l'impôt, même s'il n'en réduit pas le montant à payer.

On peut donc conclure cette section en disant qu'à partir de César, la fiscalité romaine était peut-être un peu plus légère (même si l'on peut en douter), mais qu'elle était surtout plus invisible, les détails techniques étant importants pour atteindre le consentement fiscal, surtout lorsque l'on comprend que la structure nouvelle respecte les sensibilités spécifiques des contribuables juifs de cette époque, notamment en regard des choses du sacré. La plus grande importance de cet ensemble de documents n'est donc pas le peu d'informations qu'ils fournissent sur le système fiscal de la Judée, non plus que la démonstration d'une gé-

---

[53] Voir Momigliano 1934, 20 ; Donahue 1971, 44 ; Braund 1983 ; Udoh 2005, 238-241. Selon Morrell 2017, 81-82 et Girardin 2022, 220 and 241, il n'y a jamais eu de *publicani* en Judée, à cause du manque d'intérêt qu'ils pouvaient avoir dans la région, ainsi César n'a-t-il exclu que la possibilité qu'ils investissent dans l'avenir.

nérosité toute particulière de César à l'égard des Juifs, qui paraît essentiellement de nature politique et diplomatique. Il s'agit surtout de mettre en évidence le projet déformant de Josèphe, qui prédispose le lecteur à trouver dans ces documents d'importants bienfaits, alors que les documents eux-mêmes donnent à voir que l'*amicitia* témoignée par César est essentiellement un déguisement diplomatique des intérêts financiers et politiques de Rome sur le temps long. En adaptant ses mesures à ce qui est acceptable pour son interlocuteur, il garantit la stabilité régionale et la pérennité des revenus romains.

4. Une anecdote dans l'histoire juive

Le plus frustrant dans cet ensemble de documents n'est peut-être pas le problème des sources de Josèphe, dont une partie est sans doute de nature épigraphique, non plus que l'aspect chaotique du texte, ou encore l'impossibilité à atteindre des conclusions définitives sur de nombreux points de détails. C'est que ce décret, l'un des textes les plus clairs et les plus précis, malgré tout, que l'on possède sur les questions fiscales pour la période et pour la région, ne peut être utile à une compréhension du système fiscal romain durant les décennies qui suivent.

De fait, il est très courant de déduire du verset 203 que le tribut romain s'élevait encore à 12,5% de la récolte au cours du Ier siècle de notre ère, jusqu'à la grande révolte. Or, cela est faux. Reprenons le texte : καὶ ἵνα ἐν Σιδῶνι τῷ δευτέρῳ ἔτει τὸν φόρον ἀποδιδῶσιν τὸ τέταρτον τῶν σπειρομένων, c'est-à-dire : « et ils paieront le tribut à Sidon la deuxième année, le quart de ce qui a été semé ».

D'abord, le sens de ce verset est loin d'être clair, tel qu'il nous est parvenu. Schalit pensait que l'année suivant l'an sabbatique était plus hautement imposée que les autres et que le taux ordinaire s'élevait à 20%[54]. Au contraire, Saulnier croyait que l'année après le sabbat était moins lourdement taxée[55]. Pucci ben Zeev conjecturait que la « deuxième année » était la deuxième année après le décret et que 25% était le taux ordinaire[56]. Mahieu propose que l'impôt soit payé une fois par cycle sabbatique, c'est-à-dire, un an sur sept[57]. Mais considérant qu'en Judée les domaines fonciers étaient mesurés en capacité d'ensemencement, le « quart de ce qui est semé » pourrait signifier que l'impôt césarien est établi sur une estimation de la surface des terres et pourrait être un prélèvement de montant prévisible, voir fixe[58]. En effet, les cultivateurs n'ont pas d'incitation à semer moins et ne peuvent semer davantage ; la connaissance de la surface et de la qualité des terres ensemencées suffirait à établir une production moyenne, puis à calculer le prélèvement du quart. Un tel mécanisme a déjà été suggéré pour la Sicile

---

[54] Schalit 1969, 780-781.
[55] Saulnier 1981, 177.
[56] Pucci ben Zeev 1998, 79.
[57] Mahieu 2012, 338-340.
[58] Girardin 2022, 243.

romaine[59], l'Égypte[60], l'Asie[61], et semble avoir été une pratique courante sous la République[62] comme sous l'Empire[63]. Peut-être y avait-il une différence entre le montant fixe payé par Hyrcan et le revenu réel, fluctuant avec la production[64], que l'ethnarque lui-même pouvait collecter, conséquence d'événements locaux, climatiques et météorologiques. En tout cas, il faut admettre que la « deuxième année » est une référence très obscure.

Surtout, la situation fiscale de la Judée est établie par César sur un peuple soumis conservant ses autorités et ses lois. Trois ou quatre années plus tard, les Parthes envahissent la Syrie et la Judée ; Hyrcan II est exilé ; l'un des fils de son ministre Antipater est tué et l'autre, Hérode, s'enfuit à Rome. Les Parthes installent leur propre roi-client à Jérusalem, Antigone II, qui reste en fonctions trois années, avant d'être mis à mort par Hérode en 37 av. J.C. Le nouveau maître de la Judée reçoit une exemption de tribut durant les plus de quarante années que durent son règne et celui de son fils Archélaos. Lorsque la Judée est provincialisée en 6 de notre ère, Auguste envoie Quirinius pour procéder au recensement du nouveau district de la province de Syrie. Ce recensement est la preuve que la fiscalité dans la région est réorganisée et n'est pas la continuité de celle établie par César. En outre, Quirinius liquide les domaines royaux hérodiens (*AJ* XVIII, 2) et à partir de ce recensement, il n'y a plus de roi, mais un préfet romain en Judée. C'est-à-dire qu'il est extrêmement peu plausible qu'à cette occasion, Quirinius ait rétabli une structure depuis longtemps disparue, fondée sur les revenus d'un roi qui a disparu. Si le tribut césarien avait été le système fiscal romain du Ier siècle de notre ère, alors les Romains imposeraient le peuple juif largement moins que les Hasmonéens qui payaient ce tribut à partir de leurs propres revenus fiscaux. La solution la plus logique aurait été de recevoir les impôts hérodiens, conservant la structure fiscale locale avec de simples modifications marginales, puisque cette structure était de loin plus rentable que le tribut césarien, qui n'en constituait qu'une petite partie.

Finalement, on a quelques preuves que d'autres impôts que ceux du temps césarien existaient au Ier siècle de notre ère. En 37, Vitellius abolit une taxe sur les ventes prélevée au marché de Jérusalem (*AJ* XVIII, 90). Quatre ans plus tard, le roi Agrippa supprime un impôt sur les maisons dans la ville (*AJ* XIX, 299). D'habitude, les spécialistes attribuent ces prélèvements à Hérode[65], mais il demeure possible qu'ils aient été introduits par les préfets romains[66]. Dans tous les cas, ces revenus romains ne sont pas mentionnés au temps de César et sont des preuves que la structure fiscale de la province romaine de Judée n'est

---

[59] Christol 2006, 28 ; Dubouloz & Pittia 2009, 104 ; Soraci 2016, 54-56 ; France 2021, 118-119.

[60] Bonneau 1971, 21, 65, 85.

[61] Merola 2001, 87 ; Kay 2014, 72.

[62] Nicolet 1988, 200.

[63] Weaverdyck & Fabian 2022, 346.

[64] Concernant la Sicile, une telle variation est supposée par France 2021, 118.

[65] Heichelheim 1938, 236 et 238 ; Schalit 1969, 287-288 et 290 ; Schürer 1973, 374.

[66] Udoh 2005, 175-180 et 238.

pas une simple continuité de l'ancien tribut imposé sur une ethnarchie autonome. En 6 de notre ère, Rome prend la place du roi Hérode, elle ne reprend pas celle qu'elle avait autrefois.

Pourquoi est-ce important ? Parce que ce point suscite deux conclusions parallèles. La première est que cela démontre encore une fois le caractère authentique des *Acta Caesaris*, même s'ils sont très mal préservés. Josèphe n'a pas corrompu le texte avec les *realia* de son propre temps. Probablement ne comprenait-il pas les éléments techniques et cela peut avoir contribué au piètre état de préservation de ces documents. La deuxième conclusion, c'est que cet ensemble de documents authentiques ne reflète qu'un système fiscal mort-né, dont la valeur historique est considérablement moindre que celle qu'on lui attribue généralement. Ces documents ne peuvent servir à comprendre la situation financière et économique des Juifs sous la domination romaine. On n'ouvre une fenêtre que sur une période de temps très courte, entre le passage de César dans la région et l'invasion parthe. Le projet rédactionnel de Josèphe n'a pas été de renseigner l'historien moderne sur les impôts que paient les Juifs, mais de fournir les « preuves » que les Romains favorisaient le peuple. Il a, pour ce faire, cité des documents à contre-emploi. Or, ceux-là étaient obsolètes bien avant qu'il n'y accède, ce qui peut aussi partiellement expliquer leur mauvaise conservation.

Sur le plan historique, ces documents sont donc considérablement moins importants qu'on ne le croit. Ils sont le reflet de négociations entre un parti romain parmi d'autres et un parti juif parmi d'autres, dans un contexte spécifique, probablement à lier au projet de campagne parthique nourri par César. Josèphe les transforme en événement clef et en modèle de gouvernement en contexte flavien, après la destruction du temple, et l'historiographie l'a suivi. Il tente de donner l'impression qu'un juste gouvernant ayant considération pour les lois et coutumes des Juifs peut être obéi sans désordre. Cela est une part de sa stratégie rhétorique, visant à aider à construire des relations paisibles entre les deux peuples. Mais le fait même qu'un parti favorable aux Parthes existe parmi les Juifs, représenté par Antigone II Mattathias, qui essaie de conquérir le pouvoir deux ans après la mort de César, puis dépose Hyrcan II avec l'aide militaire des Parthes en 40 av. J.C., prouve que César n'est pas parvenu à créer l'unanimité au profit de Rome. Sa générosité n'a pas convaincu tout le monde, car l'ordre qu'il établissait était un accord diplomatique entre deux partis politiques, non entre deux mondes.

5. Conclusion

En conclusion, il faut souligner le véritable objectif des concessions césariennes à l'égard des Juifs : bâtir un ordre romain en Orient par l'allégeance des élites locales des communautés rencontrées. L'ensemble de documents copiés par Josèphe conservent des éléments qui permettent de voir, chez César, le projet de créer l'acceptation, voire le consentement, des peuples assujettis à l'impôt. Le texte révèle que César connaissait les rôles traditionnels et culturels de l'impôt dans le judaïsme ancien : il a probablement établi le nouveau système fiscal en négociation entre les autorités juives et a tâché de le rendre le plus acceptable possible pour son interlocuteur, sans réduire les intérêts romains. Même si, dans la recherche, il demeure une conviction profonde que les pouvoirs romains étaient oppressifs et que leur taxation n'était qu'extractive, de tels documents sont exceptionnellement clairs sur la réalité des fondations de l'empire romain : il était établi sur la recherche de l'acceptation des peuples sujets, et la rationalité romaine donnait plus de valeur à l'ordre et à la paix qu'à la maximisation des profits.

Ensuite, il faut se montrer prudent lorsque l'on tente d'estimer le poids des impôts avec l'œuvre de Josèphe, puisque, comme on l'a vu, il a ses propres objectifs. On ne peut être certain que César a favorisé les Juifs davantage que Pompée, par exemple, puisque l'on n'a, pour discuter cette question, qu'une complainte de Josèphe d'un côté et les décrets césariens de l'autre, deux textes qui ne sont absolument pas neutres mais sont profondément différents dans leurs natures. En fin de compte, Josèphe essaie de soutenir que les relations étaient paisibles, alors qu'il existe des éléments qui tendent à montrer que ce n'était pas le cas.

Une fois cet élément méthodologique révélé, les *realia* de la fiscalité romaine en Judée apparaissent impossibles à connaître. Ainsi, grâce à ces documents partiellement conservés, la crédibilité du travail de Josèphe peut être mesurée, d'un certain côté, et même s'il n'existe pas d'inscription romaine pouvant servir à l'étude de la fiscalité romaine en Judée, ces documents demeurent fondamentaux, aussi bien pour l'étude des *realia* que des représentations sociales de l'impôt[67].

Bibliography

Berthelot K., 2021, *Jews and Their Roman Rivals. Pagan Rome's Challenge to Israel*, Princeton-Oxford.

Bikerman E., 1935, *La charte séleucide de Jérusalem*, «Revue des Études Juives», 100, 4-35.

Bikerman E., 1946, *Une proclamation séleucide relative au temple de Jérusalem*, «Syrie», 25/1, 67-85.

Bikerman E., 1947, *The Warning Inscriptions of Herod's Temple*, «Jewish Quarterly Review», 37/4, 387-409.

Bonneau D., 1971, *Le fisc et le Nil : incidences des irrégularités de la crue du Nil sur la fiscalité foncière dans l'Égypte grecque et romaine*, Paris.

Braund D. C., 1983, *Gabinius, Caesar and the publicani of Judaea*, «Klio», 65, 241-244.

Carrara A., 2017, *Léopold Migeotte, un historien des finances publiques*, «Revue des Études Anciennes», 119/2, 639-660.

Chankowski V., 2007, *Les catégories du vocabulaire de la fiscalité dans les cités grecques*, in J. Andreau, V. Chankowski (edd.), *Vocabulaire et expression de l'économie dans le monde antique*, Bordeaux, 299-331.

---

[67] Outre Girardin 2022, voir Günther & Günther 2022, qui développent une méthodologie largement comparable avec la théorie des « frames and framing ».

Christol M., 2006, *Les outils de la fiscalité : l'arrière-plan romain*, in A. Rigaudière (ed.), *De l'estime au cadastre en Europe. Le Moyen-Âge*, Paris, 25-58.

Chrubasik B., 2021, *Sanctuaries, Priest-Dynasts and the Seleukid Empire*, in S. Honigman, Chr. Nihan, O. Lipschits (edd.), *Times of transition: Judea in the early Hellenistic period*, Tel Aviv/University Park, 157-176.

Curran J., 2005, *"The Long Hesitation". Some Reflections on the Romans in Judaea*, «Greece & Rome», 52/1, 70-98.

Dąbrowa E., 2004, *De l'assujettissement à l'indépendance. Observations sur les relations entre les Séleucides et les Maccabées (de 152 à env. 114 av. J.-C.)*, «Electrum», 8, 67-83.

Donahue J. R., 1971, *Tax collectors and Sinners: an attempt at identification*, «Catholic Biblical Quarterly», 33, 39-61.

Dubouloz J. & Pittia S., 2009, *La Sicile romaine, de la disparition du royaume de Hiéron II à la réorganisation augustéenne des provinces*, «Pallas», 80, 85-125.

Eck W., 2002, *Die Inschriften Iudäas im 1. und frühen 2. Jh. n. Chr. als Zeugnisse der römischen Herrschaft*, in M. Labahn, J. Zangenberg (edd.), *Zwischen den Reichen. Neues Testament und Römische Herrschaft*, Tübingen, 29-50.

Eck W., 2003, *The Language of Power: Latin in the Inscriptions of Iudaea/Syria Palaestina*, in L.H. Schiffman (ed.), *Semitic Papyrology in Context*, Leiden-Boston, 123-144.

Eck W., 2009, *The Presence, Role and Significance of Latin in the Epigraphy and Culture of the Roman Near-East*, in H.M. Cotton, R.G. Hoyland, J.J. Price, D.F. Wasserstein (edd.), *From Hellenism to Islam*, Cambridge, 15-42.

Eckhardt B., 2016, *The Hasmoneans and their Rivals in Seleucid and Post-Seleucid Judea*, «Journal for the Study of Judaism», 47, 55-70.

Firpo G., 2000, *Cesare e i Giudei*, in G. Urso (ed.), *L'Ultimo Cesare*, Roma, 125-141.

France J., 2021, *Tribut. Une histoire fiscale de la conquête romaine*, Paris.

Gambash G. & Yasur-Landau A., 2018, *"Governor of Judea and Syria". A New Dedication From Dor to Gargilius Antiquus*, «Zeitschrift für Papyrologie und Epigraphik», 205, 158-164.

Gera D. & Cotton H. M., 1991, *A Dedication from Dor to a Governor of Syria*, «Israel Exploration Journal», 41, 258-266.

Ginsburg M. S., 1928, *Rome et la Judée. Contribution à l'histoire de leurs relations politiques*, Paris.

Girardin M., 2019, *Dans le quotidien du collecteur : l'impôt romain d'après l'archive de Murabba'ât*, «Revue de Qumrân», 113, 11-49.

Girardin M., 2021, *Antiochos VII et les Juifs : suzerain, ennemi, protecteur du culte*, in Chr. Feyel, L. Graslin-Thomé (edd.), *Les derniers Séleucides et leur territoire*, Nancy, 319-339.

Girardin M., 2022, *L'offrande et le tribut. Histoire politique de la fiscalité en Judée hellénistique et romaine (200 av. J.-C. - 135 apr. J.-C.)*, Bordeaux.

Girardin M., 2023, *Fiscalité : revue de littérature juridique à l'usage de l'histoire ancienne*, «Dialogues d'Histoire Ancienne», 49/1, 109-133.

Grant M., 1973, *The Jews in the Roman World*, London.

Grosclaude J., Marchessou P., 2015[10], *Droit fiscal général*, Paris.

Gruen E. S., 2022, *The Maccabean Model. Resistance or Adjustment?*, in P. J. Kosmin, I. S. Moyer (edd.), *Cultures of Resistance in the Hellenistic East*, Oxford, 33-56.

Günther S., 2008, *«* Vectigalia nervos esse rei publicae *». Die indirekten Steuern in der Römischen Kaiserzeit von Augustus bis Diokletian*, Wiesbaden.

Günther E., Günther S., 2020, *Frames and Framing in Antiquity*, Changchun.

Heichelheim F. M., 1938, *Roman Syria*, Baltimore.

Isaac B., 1983, *A Donation for Herod's Temple in Jerusalem*, «Israel Exploration Journal», 33/1-2, 86-92.

Juster J., 1914, *Les Juifs dans l'Empire romain : leur condition juridique, économique et sociale*, I, Paris.

Kay P., 2014, *Rome's Economic Revolution*, Oxford.

Ma J., 2020, *The Restoration of the Temple in Jerusalem by the Seleukid State:* II Macc. *11.1638*, in R. Oetjen (ed.), *New Perspectives in Seleucid History, Archaeology and Numismatics*, Berlin-Boston, 80-93.

Mahieu B., 2012, *Between Rome and Jerusalem. Herod the Great and His Sons in Their Struggle for Recognition*, Leuven.

Martinez-Sève L., 2007, *L'expression de la fiscalité chez Flavius Josèphe*, in J. Andreau, V. Chankowski (edd.), *Vocabulaire et expression de l'économie dans le monde antique*, Bordeaux, 399-421.

Mason S., 2016, *A History of the Jewish War, A.D. 66-74*, New York.

Mason S., 2019, Eretz-Israel *and Diaspora: Variations on the Category Blues*, in L. Capponi (ed.), *Tra politica e religione. I Giudei nel mondo greco-romano*, Milano, 225-246.

Merola G. D., 2001, *Autonomia locale, governo imperiale. Fiscalità e amministrazione nelle province asiane*, Bari.

Moehring H. R., 1975, *The* Acta pro Judaeis *in the* Antiquities *of Flavius Josephus*, in J. Neusner (ed.), *Christianity, Judaism, and Other Greco-Roman Cults*, Leiden, 124-158.

Momigliano A., 1934, *Ricerche sull'organizzazione della Giudea sotto il Dominio romano (63 a.C. – 70 d.C.)*, Bologna.

Morrell K., 2017, *Pompey, Cato, and the Governance of the Roman Empire*, Oxford.

Nicolet C., 1988, *Rendre à César. Économie et société dans la Rome antique*, Paris.

Pucci ben Zeev M., 1994, *Greek and Roman Documents from Republican Times in the Antiquities: What Was Josephus' Source?*, «Scripta Classica Israelica», 13, 46-59.

Pucci ben Zeev M., 1998, *Jewish Rights in the Roman World*, Tübingen.

Rajak T., 1984, *Was There a Roman Charter for the Jews?*, «Journal of Roman Studies», 74, 107-123.

Roth J., 2007, *Jews and the Roman Army: Perceptions and Realities*, in L. De Blois, E. Lo Cascio (edd.), *The Impact of the Roman Army (200 B.C. – A.D. 476)*, Leiden-Boston, 409-420.

Runesson A., Binder D. & Olsson B., 2010, *The Ancient Synagogue from its Origins to 200 CEE. A Source Book*, Leiden-Boston.

Safrai Z., 1994, *The Economy of Roman Palestine*, London-New York.

Saulnier Chr., 1981, *Lois romaines sur les Juifs selon Flavius Josèphe*, «Revue Biblique», 88/2, 161-198.

Schalit A., 1969, *König Herodes : Der Mann und sein Werk*, Berlin.

Schürer E., 1973, *The History of the Jewish People in the Age of Jesus Christ (175 B.C. – A.D. 135)*, I, Edinburgh.

Schwartz D. R., 2017, *1 Maccabees 14 and the History of the Hasmonean State*, in F. Avemarie, P. Bukovec, S. Krauter, M. Tilly (edd.), *Die Makkabäer*, Tübingen, 69-84.

Seeman C., 2013, *Rome and Judea in Transition. Hasmonean Relations with the Roman Republic and the Evolution of the High Priesthood*, New York.

Sharon N., 2017, *Judea under Roman Domination: The First Generation of Statelessness and Its Legacy*, Atlanta.

SORACI C., 2016, *La Sicilia romana. Secc. III a.C. – V d.C.*, Roma.

SORACI C., 2020, *Fiscalità ed epigrafia nel mondo romano*, «IVRA», 68, 705-708.

UDOH F., 2005, *To Caesar What Is Caesar's. Tribute, Taxes and Imperial Administration in Early Roman Palestine (63 B.C.E. - 70 C.E.)*, Providence.

VILLENEUVE F., NODET É., DAN A., PARMENTIER É., 2021, *Flavius Josèphe, Les Antiquités Juives, livres XII à XIV*, Paris.

WARD G., EILERS C., 2012, *An Embedded Fragment in Josephus' Caesarian Acta (AJ 14.196-212)*, «Phoenix», 66/3-4, 414-427.

WEAVERDYCK E. J. S. & FABIAN L., 2022, *Tools of Economic Activity in the Hellenistic and Roman Worlds: Empires and Coordination*, in S. Von Reden (ed.), *Handbook of Ancient Afro-Eurasian Economies*, II, Berlin-Boston, 341-421.

WILLIAMS D. S., 1999, *The Structure of 1 Maccabees*, Washington.

ZACK A., 2018, *C. Iulius Caesar und Hyrkanus II. Überlegungen zur chronologischen Abfolge der Dokumente bei Flavius Josephus* Ant. *14,10,2-10 (190-222) und* Ant. *14,8,5 (145-148)*, «Electrum», 25, 147-185.

ZEICHMANN C. B., 2018, *The Roman Army and the New Testament*, Lanham-Boulder-New York-Londres.

SVEN GÜNTHER*

Some reflections on *publicum* in inscriptions and papyri relating to the *vicesima libertatis*

DOI: 10.48255/9788891332813.02

The term *publicus/a/um* in Roman *vectigalia*-related inscriptions is, first of all, not surprising. As Peter Kritzinger has convincingly shown in his detailed analysis of tax terminology, the Romans subsumed all revenues derived from leasing out public rights under the term *publicum/a*, hence the lessees of Roman *vectigalia* were called *publicani*[1]. Not touching here on the scholarly discussion about the legal status and organizational forms & structures of *publicani* and *societates pub-*

---

* Institute for the History of Ancient Civilizations (IHAC); email: sveneca@aol.com / svenguenther@nenu.edu.cn. Inscriptions have been checked against the named editions; for user convenience, the respective inventory number in the Epigraphic Database of Clauss-Slaby (EDCS) has been added though.

[1] Kritzinger 2018, 98-101; cf. Fleckner 2010, 154-159. See esp. *Dig.* 50.16.17pr-1 (*Ulpianus libro decimo ad edictum*): *pr. Inter "publica" habemus non sacra nec religiosa nec quae publicis usibus destinata sunt: sed si qua sunt civitatium velut bona. Sed peculia servorum civitatium procul dubio publica habentur. (1) "Publica" vectigalia intellegere debemus, ex quibus vectigal fiscus capit: quale est vectigal portus vel venalium rerum, item salinarum et metallorum et picariarum.* / "We do not regard as being 'public' those things which are sacred or hallowed or designed for public use but those things which are, as it were, the property of communities. But the *peculia* of slaves of communities are regarded without doubt as public. (1) We must also regard as 'public' those taxes from which the imperial treasury derives revenue, such as a harbor tax or a tax on saltworks, mines, and pitch factories." Trans. Watson 1985 (as in the following). Cf. *Dig.* 50.16.15 (*Ulpianus libro decimo ad edictum*). For the denomination of *publicani*, see, e.g., *Dig.* 50.16.16 (*Gaius libro tertio ad edictum provinciale*): *Eum qui vectigal populi Romani conductum habet, "publicanum" appellamus. Nam "publica" appellatio in compluribus causis ad populum Romanum respicit: civitates enim privatorum loco habentur.* / "We call someone who has contracted to collect a tax of the Roman people a *publicanus*. For the designation 'public' relates in a number of cases to the Roman people; for communities are regarded as being in the position of private people." Further sources in Fleckner 2010, 145-146, n. 2.

licanorum[2], we face one problem in the epigraphic evidence in particular, namely, that, first, we often find the term *publicus/a/um* abbreviated (e.g., PVB) and, second, that it can be either read as the neuter substantive *publicum* (i.e., "the public right/revenue") or the adjective, then related to another substantive, for instance, *servus* (viz., *servus publicus* = public slave). In scholarship, this has brought about not only different interpretations of single inscriptions but also wider conclusions on the character of the Roman tax system in general. Exemplary is the discussion about one, nowadays lost inscription from Claudian times, dated to AD 43, found in Rome (*CIL* VI 915 = *ILS* 203; EDCS-17301038)[3]:

> *[Ti(berio) C]laudio Drusi f(ilio) Caesari Augu[sto] | [G]ermanico pontif(ici) maximo tribu[nic(ia)] | potest(ate) III co(n)s(uli) III imp(eratori) V patri patri[ae] | [socii?] publici XX (= vicesimae) libertatis et XXV venal[ium]*
> For Tiberius Claudius Caesar Augustus Germanicus, son of Drusus, pontifex maximus, in the third tribunician power, consul for the third time, five-times imperator, father of fatherland, the *socii* (?) of the *publicum* (or: public *socii*?) of the *vicesima libertatis* and *quinta et vicesima venalium (mancipiorum) //* or: ... the public slaves (?) of the *vicesima libertatis* and *quinta et vicesima venalium (mancipiorum)*)

How to interpret *publici* (nominative plural or genitive singular) related to the 5% manumission tax (*vicesima libertatis vel manumissionum*)[4] and the 4% sale tax on slaves (*quinta et vicesima venalium mancipiorum*)[5] and whether to supplement [*socii*] or [*servi*] has been answered very differently in research[6]. The authoritative voice of Alföldy in *CIL* has favored the view that interprets *publici* as nominative plural, indicating [*servi*] *publici*[7]. Obviously, this interpretation favours the public administration (and sometimes also already public collection) of *vectigalia* at an early stage of imperial times, for which we, however, have sufficient counter-evidence that attests to private tax collectors and their societies for the *vicesima libertatis* (as well as the *vicesima hereditatium*, the 5% inheritance tax) at least for the first and second centuries AD while imperial procurators became responsible for checking *vectigalia* collections (then still conducted by private tax collectors) probably from Neronian times onwards[8].

---

[2] For the *societates publicanorum*, see now the meticulous analysis of FLECKNER 2010, 145-215; *ibid.*, 151-153, esp. n. 39 with a chronological list of previous scholarship.

[3] See GÜNTHER 2008a, 104-105 and 108-109.

[4] On it, see *ibid.*, 95-126.

[5] On it, see *ibid.*, 149-154.

[6] For overview, see *ibid.*, 104 with ns. 625-626.

[7] *CIL* VI,8,2, p. 4306 (ad no. 915): "Ei, qui titulum dedicaverunt, certe non *(socii) publici* fuerunt, quod opinati sunt AUCTORES PLURIMI inde a MOMMSEN, *l. l.* usque ad ALBANA, *l. l.*, sed servi publici, vide CORBIER, *l. l.*, quae praeterea titulum documentum antiquissimum fisci Caesaris iudicavit et ex eo colligere voluit fiscum a Claudio eodem tempore i. e. a. 43 institutum esse". For his view he refers to the argument provided by CORBIER 1979.

[8] Private tax collection: for the *vicesima libertatis* discussed here, see GÜNTHER 2008a, 102-112; for the *quinta et vicesima venalium mancipiorum*, see *ibid.*, 152-153; for the *vicesima hereditatium*,

Yet, before concluding on such important questions that decide on how we shall see and judge the imperial administration and state structure in general, we shall examine in this paper how *publicus/a/um* is used in inscriptions relating to the *vicesima libertatis* in order to determine the Roman understanding of use of this key term.

First of all, there seems to be direct evidence for the use of the neuter substantive *publicum* to designate the analogous 5% inheritance tax, the *vicesima hereditatium*, in a second-century AD inscription from Falerii/Faleria in Etruria (*CIL* XI 7487; EDCS-21000453):

> *Sacrum.* | *C(aius) Attius L*(uci) [*f(ilius)*] | *Po*[*m(ptina)*] *Celsus* | *procurator* | *publici XX(vicesimae)* | *hereditat(i)um Itali(a)e*; | *C(aius) Lo*[*ll*]*ius C(ai) f(ilius)* | *Pom(ptina) Autronianus*; | *Quintia T(iti) l(iberta)* | *Felicula* | *d(onum) deder(unt)*.
> A *sacrum*. Gaius Attius Celsus, son of Lucius, from the *tribus* Pomptina, procurator of the *publicum* of the *vicesima hereditatium* of Italy, Gaius Lollius Autronianus, son of Gaius, from the *tribus* Pomptina, Quintia Felicula, freedwoman of Titus, gave it as gift.

However, this inscription has only been preserved through one manuscript[9], and the denomination of the territorial responsibility of this imperial procurator is singular so that doubts about its authenticity are reasonable[10].

Hence, we must argue from epigraphic material that is more difficult to interpret. Some years ago, I have addressed the issue in a small article, which appeared rather remotely, by examining a second-/third-century AD inscription from Moguntiacum/Mainz in Germania superior (*CIL* XIII 7215 = *ILS* 1866; EDCS-11001303)[11]:

> *Mercurio* | *sac*(*rum*). | *Donatus* | *pub*(*lici*? *licus*?) *XX*(*vicesimae*) *lib*(*ertatis*) | *ser*(*vus*) *vilicus* | *v*(*otum*) *s*(*olvit*) *l*(*ibens*) *l*(*aetus*) *m*(*erito*).
> A *sacrum* for Mercury. Donatus, slave and administrator of the *publicum* of the *vicesima libertatis* (or: public slave and administrator of the *vicesima libertatis*) has discharged the vow freely, joyfully, as is deserved.

Although Aubert attributes Donatus, who tellingly built a *sacrum* to the god of business activities to fulfil his vow, to the public *vilici* (!)[12], the hyperbaton with XX LIB in between PVB and SER VILICVS with a line break after LIB speaks

---

ibid., 59-64; for the meagre evidence for the *centesima rerum venalium*, the 1% sale tax, see *ibid.*, 140-143. For the tightening of control by introducing imperial procurators probably in Neronian times, see *ibid.*, esp. 64-71 and Günther 2013 (with further literature).

[9] See commentary in *CIL* XI 7487 and Hirschfeld 1963[3] (=1905[2]), 101, n. 4. Moreover, the line breaks have been proposed by the *CIL*-editor and are not in the manuscript.

[10] See Günther 2008a, 72, n. 411, referring to Eck 1979, 132, n. 99; cf., however, Hirschfeld 1963[3] (=1905[2]), 101, n. 4 and Pflaum 1960, III, 1036.

[11] Günther 2008b; cf. Günther 2008a, 105.

[12] Aubert 1994, 174, n. 197.

against this interpretation, at least in my eyes. Hence, Donatus is more likely to have served a private tax farming company to administer tax collecting activities in the capital of Germania superior where manumission procedures certainly took place since necessary Roman administrative structures for fully legal manumission into the Roman *libertus/a*-status were available there[13]. Likewise, we could interpret similar expressions – with or without mentioning a (slave) function – within the manumission tax administration[14]. Consequently, also the undatable imperial inscription set up by Gaius Atisius Primus for his wife Aelia Saturnina in Vicus Augusti/Aoste, Gallia Narbonensis is difficult to interpret. It reads (*CIL* XII 2396; EDCS-09200807):

> *C*(*aius*) *Atisius Primus* / *publ*(*ici*? *icanus*? *icus*?) *XX*(*vicesimae*) *libertat*(*is*) / *p*(*rovinciae*) *G*(*alliae*) *N*(*arbonensis*), / *Aeliae Saturninae* / *coniugi karissimae*.
>
> Gaius Atisius Primus, (*socius*?) of the *publicum* (or: publican; or: public [administrator?]) of the *vicesima libertatis* of the province Gallia Narbonensis, for Aelia Saturnina, the very loved wife.

His *tria nomina* open, in fact, the possibility of being a *publicanus* or being related as a free person to the collection of the *vicesima libertatis*, either as a *socius* of a private tax farming company of this *publicum* or as somehow related to a public administration of which we, however, do not know further details before

---

[13] On legal manumission into Roman (or Latin) status, see Günther 2008a, 118-120. Esp. important is Gai. *Inst.* 1.16-17 and seqq.

[14] 1) *CIL* III 555 = 7287 = *ILS* 1867 = *IG* II/III^2 11492 (EDCS-27000430) (Athenae/Athens, Achaia): *Q*(*uinto*) *Calpurnio Eutycho* | *Philetus p*(*u*)*bl*(*ici*? *icus*?) *XX*(*vicesimae*) *lib*(*ertatis*) *vi*(*li*)*cus fecit* || Κ(ουίντῳ) Καλπουρνί<ῳ=O> Εὐτύχ<ῳ=O> Φίλητος | εἰκοστῆς ἐλευθερίας <οἰ=I>κονόμος | ἐποίησεν γνη<σίῳ=ΠΟ> στρατι<ώ=O>τηι. / "For Quintus Calpurnius Eutychus, Philetus, the administrator of the *publicum* (or: Philetus, the public administrator) of the *vicesima libertatis* made this for the noble soldier [underlined text only in the Greek version of the bilingual text]. Cf., however, Zelnick-Abramovitz 2013, 57, who attributes Philetus to the public slaves; also Aubert 1994, 174, n. 197.

2) *CIL* VI 8453 = *ILS* 1864 (EDCS-18200477) (Roma/Rome): *D*(*is*) *M*(*anibus*). | *Inachus* | *public*(*i*? *us*?) *XX*(*vicesimae*) | *lib*(ertatis) *Inacho* | *parenti* | *piissimo*. / "To the ghosts-gods. Inachus, slave of the *publicum* (or: public slave) of the *vicesima libertatis*, for his very pious father Inachus."

3) *CIL* II 4186 = II/14 1098 = *ILS* 01868 (EDCS-05503217) (Tarraco/Tarragona, Hispania citerior): [*D*(*is*)] *M*(*anibus*?). *Lucio* | *pub*(*lici*? *lico*?) *XX*(*vicesimae*) *lib*(*ertatis*) | *p*(*opuli*) *R*(*omani*) *ar*<c=K>(*ario*) *p*(*rovinciae*) *H*(*ispaniae*) *c*(*iterioris*). | *Bennia* | *Venustina* | *coniugi* | *merentissimo*. / "To the ghost-gods. For Lucius, treasurer of the *publicum* (or: public treasurer) of the *vicesima libertatis* of the Roman people of the province Hispania citerior. Bennia Venustina (made it) for her very merited husband." For a slightly different reading, namely, [*D*(*is*)] *M*(*anibus*?). *Lucio* | *pub*(*lico servo*) *XX lib*(*ertatis*) | *pr*(*aeposito*) *ark*(*ae*) *p*(*rovinciae*) *H*(*ispaniae*) *c*(*iterioris*), see Alföldy in *RIT* 235, who reviews his reading in *CIL* II/14 1098. Cf. Günther 2008a, 112 with n. 664. See also *ibid.* for *CIL* II 4187 = II/14 1099 = *ILS* 1869 (Tarraco/Tarragona, Hispania citerior): *D*(*is*) *M*(*anibus*). | *Victori* | *ar*<c=K>(*ario*) *XX lib*(*ertatis*) | *p*(*rovinciae*) *H*(*ispaniae*) *c*(*iterioris*). | *Quintilia* | *Procula* | *coniugi*. / "To the ghost-gods. For Victor, treasurer of the *vicesima libertatis* of the province Hispania citerior. Quintilia Procula for her husband." Cf. also *CIL* VI 8453a = *ILS* 1872.

the late 2nd / 3rd century AD[15]. For two Latin tablets found in Egypt and attesting to the payment of the manumission tax to public administrators, albeit late (2nd/3rd century AD; however, for private collection of the manumission tax at an earlier date, AD 119, see *P.Oxy.* XX 2265), the reading is rather the adverb *publice* as it could be related to the verb *solvit*[16].

Further evidence for *publicum* derives from inscriptions concerning *promagistri* of *vectigalia* (cf. the paper of Giovanna Daniela Merola in this volume). This function is well known for private tax collecting companies[17], but also attested for imperial officials, at least for the inheritance tax (*vicesima hereditatium*)[18]. As for the *vicesima libertatis*, we have ambiguous evidence:

Corinth 8,3,100 (= Kent 1966, no. 100) (EDCS-32001628)
Corinthus (Corinth), Achaia
Imp(eratori) Caesari | *Nervae Traiano* | *Opt*<i=U>*mo Aug(usto)* | *Germanico Dacico.* | *P(ublius) Cornelius Crescens* | *promag(ister) pub(lici? licus?) XX(vicesimae) li[b(ertatis)]* | *provinc(iarum) Achaiae et* | *Syriae.*
For the Imperator Caesar Nerva Traianus Optimus Augustus Germanicus Dacicus. Publius Cornelius Crescens, *promagister* of the *publicum* (or: public *promagister*?) of the *vicesima libertatis* of the provinces Achaia and Syria.

Cf. *IK* (Ephesus) 17/1, 3045 = *AE* 1924, 80 (cf. *IK* [Ephesus] 12, 517 = *IK* [Mixed] 59, 158; *IK* [Ephesus], 517A with *IK* [Ephesus] Addenda et Corrigenda 1981, p. 14)[19]
Ephesus, Asia
[A(ulo)] L[ar]cio A(uli) f(ilio) Pal(atina)] / Cris[pino] / promag(istro) duum p(ublicorum) XXXX(quadragesimae) p(ortuum) / Asiae et XX(vicesimae) lib(ertatis) pro/vinciarum Asiae / Ponti et Bithyniae / Galatiae Cappadociae /

---

[15] See Günther 2008a, 104 with n. 621 for the discussion of this inscription. For imperial procurators of the *vicesima libertatis*, see *ibid.*, 113-117. For their gradual take-over of the *quadragesima portuum Asiae*, see below.

[16] *BASP* 2009, p. 17 (EDCS-58500250) = van Minnen / Worp 2009 (their trans.):] | *et Elladio XX sol*<v=B>*i(t) pu*<b=P>*l(ice)* | *XX(vicesimam) liber{i}tati(s) p*<o=U>*puli Romani.* | *accepi Aur(elius) Isidorianus v(ices) a(gens) (rocuratorum) XX(vicesimae).* / "(N.N. manumitted by N.N.) alias Helladios paid the 5% (manumission) tax to the state. I, Aurelius Isidorianos, agent for the *procuratores* of the 5% (manumission) tax have received the 5% manumission tax of the Roman people (from N.N.)." Cf. *P.Mich.* VII 462, where the abbreviation *p* before *XX lib* was first was solved as *p(ro)*, and is now proposed to be read accordingly as *p(ublice)*, going together with preceding *solb*<=*V*>*(it)* by the editors of the new tablet. Cf. Günther 2008a, esp. 101, n. 607, 117, n. 694, and 122, n. 719. On the private collection as attested in *P.Oxy.* XX 2265, see van Minnen / Worp 2009, 20; cf. Günther 2008, 107.

[17] See Fleckner 2010, 270-271.

[18] See Günther 2008a, 62 with n. 334 and 72 with ns. 412-413 (both with further literature and sources). Cf. Hirschfeld ^{3}1963 (= ^{2}1905), 103-104 with n. 3. E.g., *CIL* VI 1620 (= *ILS* 1342), an honorific inscription for Gaius Iunius Flavianus who held, among others, the sexagenarian office of *promagister XX hereditatium*. See *PIR*^{2} I 753; Pflaum 1960, I, 320-323 (no. 134).

[19] Cf. Bresson 2016, 321 (Appendix 2.4) for commentary and literature. Cf. Günther 2008a, 111; van Nijf 2008, 307 (no. 5a).

> *Pisidiae Lycaoniae Pam/phy[l]iae et Ly[cia]e Arme/[niae minoris]* / [3]*ILIA* / [3]*VRA* / [6] / [3]*VO*.
> For Aulus Larcius Crispinus, son of Aulus, from the *tribus* Palatina, *promagister* of the two *publica*, of the *quadragesima portuum* of Asia and of the *vicesima libertatis* of the provinces Asia, Pontus et Bithynia, Galatia, Cappadocia, Pisidia, Lycaonia, Pamphylia et Lycia, Armenia Minor …

Should we attribute Publius Cornelius Crescens to the imperial officials? We should be cautious to do so only based on the honours he made to emperor Trajan, and in particular by regarding his provincial responsibilities for Achaia and Syria as proof for such public administrative task. Aulus Larcius Crispinus[20], who equally honoured emperor Trajan (*IK* [Ephesus] 12, 517 = *IK* [Mixed] 59, 158), is attested likewise for being responsible for two *vectigalia*: the *quadragesima portuum Asiae* and the *vicesima libertatis*, the latter with a wide provincial responsibility and, as attested in *IK* (Ephesus) 12, 517 (= *IK* [Mixed] 59, 158), he was ... *pr]omag(ister) du|[u]m [p(ublicorum) XXXX] p(ortuum) A(siae) IIII et XX | lib(ertatis) III* / … ἀρχώνης τεσ[σα]||ρακοστῆς λιμένων Ἀσίας [δ′] | καὶ εἰκοστῆς ἐλευθεριῶν γ′ …, that is, four times responsible for the *quadragesima*, three times for the *vicesima*. On the one hand, such wide territorial responsibilities we know indeed for the imperial procurators of the *vicesima hereditatium*[21], and the enumeration of appointments could likewise point to this direction. However, *promagistri* from private tax farming companies are attested elsewhere for the *quadragesima portuum Asiae*[22]. Anyway, the proposal of Bresson to see an evolution in the *promagistri*'s terms of office may point to a development from private to imperial administration[23].

For our question it is, however, crucial that the abbreviation P after DVVM in *IK* (Ephesus) 17/1, 3045 (= *AE* 1924, 80) only makes sense when solved as "*P(ublicorum)*". In fact, we have further evidence regarding the *quadragesima portuum Asiae* for addressing it as a *publicum*[24] so that a transfer to the abbreviation in inscriptions for the *vicesima libertatis* is possible.

---

[20] Name restored after ECK 1997, 113-114 (Nr. 4).

[21] See GÜNTHER 2008a, esp. 77-79 for the Eastern Mediterranean region.

[22] P. Terentius Hispo: Cic. *Att.* 11.10.1; cf. BRESSON 2016, 320 (Appendix 2.1); VAN NIJF 2008, 306 (no. 1). M. Aurelius Mindius Mattidianos Pollio: *IK* (Ephesus) 13, 627; *IK* (Ephesus) 17/1, 3056; *OGIS* 525 (= *ILS* 8858). Cf. BRESSON 2016, 321-322 (Appendix 2.5) and 323 (Appendix 5.1); VAN NIJF 2008, 307-308 (no. 5b).

[23] See BRESSON 2016, esp. 318-319, with Appendix 2.5. Cf. the terms of office of *magistri*: FLECKNER 2010, 267-269 (especially critically reviewing the doubtful hypothesis of an annual renewal of office). I myself was more in favour of seeing in these *promagistri* an imperial office 15 years ago: GÜNTHER 2008a, 111.

[24] See BRESSON 2016 with his edition of an inscription for Decimus Antonius Baebianus (= *AE* 2016, 1606). See *ibid.*, esp. 308-309 for the discussion about how to solve *PROC P XXXX P A*, to be read *PROC*(*urator*) *P*(*ublici*) *XXXX*(*quadragesimae*) *P*(*ortuum*) *A*(*siae*). For this *publicum*, see Suet. *Vesp.* 1.2 (*Huius filius, cognomine Sabinus, ... publicum quadragesimae in Asia egit.* / "His [sc. T. Flavius Petro] son with surname Sabinus … exacted the revenue of the fortieth [tax of

Consequently, the newest – and remarkable – finding of a bronze seal related to the *vicesima libertatis* from Aquincum/Budapest, Pannonia inferior must be read in this way (*AE* 2013, 1262 = ZOLTÁN 2013; EDCS-69200438):

> *P(ublicum? ublici?) XX(vicesimae) lib(ertatis) (per?) Raet(iam) Nor(icum) Dalm(atiam) Pan(n)oni(as) II / Concord(iam) Aq(uileiam) Histr(iam) Lib(urniam) an(no) III.*
> The *publicum* (or: Of the *publicum*) of the *vicesima libertatis* throughout (or: of?) Raetia, Noricum, Dalmatia, the two Pannoniae, Concordia, Aquileia, Histria, and Liburnia, in the third year.

As the round seal was likely used in the procedure of exacting the manumission tax[25] in this greater region that encompassed different provinces and regions in the Italian *regio* X[26], I suppose that P could likely be solved as the possessive genitive, namely, *P(ublici)* / "Of the *publicum* ...".

To conclude, *publici, public, pub(l)-, p-* in inscriptions relating to the *vicesima libertatis* is usually to be interpreted as referring to the neuter substantive *publicum* (often in the genitive singular), to indicate the character of the manumission tax, namely, to be a public revenue. On the other hand, an interpretation as adjective indicating public administrative office or functions is doubtful, while in combination with verbs as found in two papyri it probably serves as adverb, at least in these two cases. This, however, does unfortunately not tell us much details about the gradual intrusion of imperial control and (later) administration of this tax (and of other *vectigalia*). Nevertheless, it shows us that Roman tax terminology remained conservative, over the centuries and even within the wide reach of the Roman Empire that incorporated many Greek-speaking regions where, interestingly, the term *publicum* in this context seems not to have been translated into the Greek equivalent in the (albeit few) bilingual or Greek inscriptions (cf. *CIL* III 555 = 7287 = *ILS* 1867 = *IG* II/III^2 11492; EDCS-27000430 in n. 14; unlike the inscription of C. Vibius Salutaris, *IEphesos* 29, regarding his function regarding the *frumentum mancipalis* = σείτος δήμου Ῥωμαίων, as discussed in the papers of Cristina Soraci and, partly, Giovanna Merola). It needs further investigation why such "presentation" of Roman public authority *expressis verbis Graecis* did not occur for the manumission tax and to what extent this was intentionally done or followed an – for us untraceable – tradition.

---

the ports] in Asia."); cf. BRESSON 2016, 320 (Appendix 1.1). See *ibid.* (Appendix 2.2); VAN NIJF 2008, 308 (no. 5e, cf. no. 5d) for direct epigraphic evidence: *AE* 1988, 1019 (cf. 1999, 1561; 2016, 1608): *Dis Man[ibus] | Iadis. Ianua[rius soc(iorum)] | public(i) XXX[X(quadragesimae)* p(*ortuum) Asiae*] | *ser(vus) symbo[l(arius) f(ecit?)]*. / "To the Departed Spirits of Ias. Ianuarius, slave *symbolarius* for the associates in the company exploiting the public revenue of the fortieth tax of the ports of Asia, made this." Trans. after BRESSON 2016, 320.

[25] Also indicated by the – albeit rather crude – figure in the middle of the round seal (around which the inscription runs), which is discussed as being the personification of *Libertas/Liberalitas* by the editor: ZOLTÁN 2013, 72-75; photos: *ibid.*, 104 (a-f) and 105 (a).

[26] See ZOLTÁN 2013, 66-70 with 105 (b) (map).

Bibliography

Aubert J.-J., 1994, *Business managers in ancient Rome. A social and economic study of institores, 200 B.C. - A.D. 250.* Columbia Studies in the Classical Tradition XXI, Leiden-New York-Cologne.

Bresson A., 2016, *A new procurator of the* quadragesima Asiae *at Apameia*, in A. Ivantchik, L. Summerer, A.V. Kienlin (edd.), *Kelainai-Apameia Kibotos: Eine achämenidische, hellenistische und römische Metropole / Kelainai-Apameia Kibotos: une métropole achéménide, hellénistique et romaine.* Kelaina II, Bordeaux, 301-329.

Corbier M., 1979, *Claude et les finances publiques: la création du fisc impérial*, in D.M. Pippidi (ed.), *Actes du VIIe Congrès International d'Épigraphie Grecque et Latine, Constantza 9-15 septembre 1977*, Bucarest, 346-347.

Eck W., 1979, *Die staatliche Organisation Italiens in der hohen Kaiserzeit*, «Vestigia», 28, Munich.

Eck W., 1997, *Zu kleinasiatischen Inschriften (Ephesos; Museum Bursa)*, «ZPE», 117, 107-116.

Fleckner A.M., 2010, *Antike Kapitalvereinigungen: Ein Beitrag zu den konzeptionellen und historischen Grundlagen der Aktiengesellschaft.* Forschungen zum römischen Recht 55, Cologne-Weimar-Vienna.

Günther S., 2008a, Vectigalia nervos esse rei publicae. *Die indirekten Steuern in der Römischen Kaiserzeit von Augustus bis Diokletian.* Philippika 26, Wiesbaden.

Günther S., 2008b, *Auf Raubzug in Rheinhessen – Zur Praxis der römischen Steuererhebung anhand eines Mainzer Weihealtars für Merkur*, «AzGbl», 37, 133-138.

Günther S., 2013, Res publica *oder* res popularis. *Die steuerpolitischen Maßnahmen des „schlechten" Kaisers Nero zwischen Haushaltsraison und Volksfreundlichkeit*, in Chr. Walde (ed.), *Neros Wirklichkeiten. Zur Rezeption einer umstrittenen Gestalt.* Litora Classica 7, Rahden/Westf., 105-128.

Hirschfeld O., 1963^{3} ($=1905^{2}$), *Die kaiserlichen Verwaltungsbeamten bis auf Diocletian*, Berlin.

Kent J.H., 1966, *Corinth. Results of excavations conducted by The American School of Classical Studies at Athens 8,3: The inscriptions 1926-1950*, Princeton.

Kritzinger P., 2018, *Das römische Steuersystem in der Kaiserzeit: Überlegungen zur Begrifflichkeit und zum Einzug*, «MBAH», 36, 89-142.

Pflaum H.-G., 1960, *Les carrières procuratoriennes équestres sous le Haut-Empire romain*, I-IV. Institut français d'Archéologie de Beyrouth. Bibliothéque Archéologique et Historique 57, Paris.

van Minnen P., Worp K.A., 2009, *A Latin manumission tax tablet in Los Angeles*, «BASP», 46, 15-22.

van Nijf O., 2008, *The social world of the tax farmers and their personell*, in M. Cottier, M.H. Crawford, C.V. Crowther, J.-L. Ferrary, B.M. Levick, O. Salomies, M. Wörrle (edd.), *The customs law of Asia.* Oxford Studies in Ancient Documents, Oxford-New York, 279-311.

Watson A. (trans.), 1985, *The digest of Justinian*, 4, Philadelphia.

Zoltán H., 2013, *A* publicum vicesimae libertatis *bronz bélyeggzije Aquincumból*, «Studia Epigraphica Pannonica», V, 59-106.

Zelnick-Abramovitz R., 2013, *Taxing freedom in Thessalian manumission inscriptions.* Mnemosyne Supplements 361, Leiden-Boston.

MARIANNE BÉRAUD*

Comment on devient douanier dans l'empire romain : esclavage et formation fiscale le long du Danube

DOI: 10.48255/9788891332813.03

Vestige archéologique majeur qui témoigne de l'apprentissage des esclaves de la cour impériale, les murs du *Paedagogium* du Palatin (palais de Domitien) ont servi de tableau d'exercices d'écriture : grafittes et abécédaires, en écriture *quadrata* ou en lettres cursives, à des hauteurs différentes. Ils sont un témoignage de l'école dispensée aux pages impériaux destinés au service curial. Peter Keegan, entre autres, a décortiqué les ressorts de la formation des esclaves qui servent l'empereur au plus proche[1]. Ces *paedagogiani* sont des esclaves formés à Rome dans le *Paedagogium* du Palatin, lieu d'apprentissage pour les *Caesariani*, les esclaves impériaux, des différents métiers de la cour palatine, métiers dispensés par des pédagogues, les *paedagogi. Paedagogiani, Paedagogium, Paedagogius*, autant de termes qui renvoient à la formation servile. Autant de mots, aussi, qui paradoxalement, n'apparaissent pas dans les sources relatives à l'apprentissage d'un esclave aux métiers de la douane.

Celui-ci est connu par l'épigraphie lapidaire qui livre des exemples, certes parcellaires, de trajectoires d'esclaves devenus douaniers. Deux dossiers épigraphiques seront ici étudiés qui présentent quatre caractéristiques communes :

- 1) Leur lieu de découverte : des provinces danubiennes, la Pannonie Supérieure et le Norique, la région de ponction du *Portorium Illyrici* sur le commerce, taxe *ad ualorem* sur les marchandises d'Illyrie. Cette grande zone douanière ceinture les Pannonies, le Norique, la Thrace et la Mésie[2].

* Professeur agrégée et docteur en histoire romaine. Laboratoire Archimède, UMR 7044, Université de Strasbourg

[1] Keegan 2013, 43-68.

[2] Ørsted 1992, 816 ; France 2000, 210.

- 2) Leur datation : sous les règnes de Marc Aurèle et Antonin le Pieux. Avant le règne de Commode, le *Portorium Illyrici* est placé en régie indirecte. Cela signifie que la ponction fiscale dans les stations douanières n'est pas opérée par le personnel impérial. Le prélèvement de l'impôt est affermé à des *conductores*[3], fermiers qui prélèvent l'impôt. À la tête de sociétés vectigaliennes, ces amodiataires captent le *uectigal* en vertu d'un contrat, la *lex locationis*, passé entre l'État et les fermiers[4].
- 3) La perception du *uectigal* d'Illyrie est confiée par les fermiers à leurs *familiae uectigales*, composées d'un personnel subalterne servile pour ponctionner l'impôt dans les stations douanières. Adossée au *uilicus system* (J.-J. Aubert)[5], cette mise à ferme des recettes fiscales repose sur des régisseurs de l'impôt (*uilici*), douaniers qui officient dans des péages (*stationes*).
- 4) Ces deux dossiers présentent un cas de formation aux métiers de la douane de deux esclaves vicaires. Le vicariat, esclavage de second degré, suppose que l'esclave d'esclave (*uicarius*) se situe dans le pécule d'un esclave ordinaire (*seruus ordinarius*), lui-même esclave de premier degré, à qui il appartient[6]. Les juristes modernes distinguent deux types d'apprentissage contractuels à Rome : le premier est le contrat d'enseignement (*Lehrvertrag*) dans lequel le maître paye un pédagogue ; dans le second, le contrat d'apprentissage (*Lehrlingsvertrag*), le *dominus* n'offre aucune rémunération au professeur, si ce n'est le fruit du travail de l'apprenti[7].Variante du *Lehrlingsvertrag,* le vicariat ressortit à l'apprentissage non rémunéré d'un vicaire formé par l'ordinaire. Toutefois, les bénéfices tirés du travail du *uicarius* ne tombent pas obligatoirement dans le pécule du titulaire. L'ordinaire appartient à la catégorie des *Slave-teachers* (C. A. Forbes)[8] : il s'agit d'un instituteur qui inculque à son vicaire les rudiments d'une profession servile. À ce titre, l'ordinaire est un maître d'apprentissage qui forme le vicaire au « métier d'esclave » qui est le sien. En témoignent directement ces deux dossiers épigraphiques qui renseignent sur la formation du personnel douanier le long du Danube.

1. LE DOSSIER PRUDENS: UN VICAIRE DEVENU DOUANIER DANS LA *FAMILIA VECTIGALIA* DU FERMIER Q. SABINIUS VERANUS À *POETOVIO*

Le premier dossier est constitué de trois monuments épigraphiques, datés entre 138 et 161 apr. J.-C., découverts à *Pœtovio*/Ptuj sur la Drave, colonie fondée par

[3] Brunt 1990, 16 ; Piso et Moga 1998, 107 ; Mihailescu-Birliba 2006, 44 ; Hirt 2010, 67.
[4] France 2010, 291.
[5] Aubert 1994, 322.
[6] Sur le vicariat, Erman 1896, Reduzzi Merola 1990 et Béraud 2019.
[7] Forbes 1955, 329 ; sur l'apprentissage des esclaves, voir Booth 1979,16 ; Laes 2008, 236.
[8] Forbes 1955, 325.

Trajan en Pannonie Supérieure qui est traversée par l'axe routier ouest-est conduisant de l'Italie du Nord vers la plaine hongroise et le Danube. Cette *colonia Vlpia* fut associée à partir d'Hadrien à la perception des taxes douanières connues sous le nom de *portorium publicum Illyrici*. Jocelyne Nelis-Clément a mis en évidence la présence d'une station de bénéficiaires (*bf. cos.*) à proximité de la ville en 166 apr. J.-C., sous Marc Aurèle[9]. Les bénéficiaires étaient des soldats gradés déjà chevronnés, détachés sur ordre du gouverneur consulaire de la province, qui assurent une fonction de surveillance et de police liée ici à la douane et au contrôle de la circulation de certaines marchandises relevant de l'autorité impériale[10]. Mais ces personnels avaient recours à des fermiers (*conductores*) pour percevoir l'argent dû au titre de l'administration fiscale.

a) Autel de Festus, vicaire de Primus

CIL, III, 14354, 25 (= *ILS*, 4242) = *CIMRM,* II, 1488 = *AE,* 1899, 74, Ptuj (*Poetovio*), Pannonie Supérieure, 138-161 ap. J.-C. Autel en marbre avec acrotères. 120 x 45 x 22 cm.
Musée régional de Ptuj, inv. RL 150.

Inuicto / Mithrae / Festus / Primi p(ublici) p(ortorii) uil(ici) / uic(arius) / u(otum) s(olvit).

A Mithra Invaincu. Festus, vicaire de Primus, intendant du revenu douanier, s'est acquitté de son vœu.

Fitz 1993, 399 ; Lewis 2012, 260, n°169 ; Selem 1980, 102, n° 36.

b) Autel de Prudens, vicaire de Primus

CIL, III, 14354, 29 (= *ILS*, 4245) = *AIJ*, 293 = *CIMRM*, II, 1493 = *AE*, 1899, 77, Ptuj (*Poetovio*), Pannonie Supérieure, 138-161 ap. J.-C. Base en marbre blanc avec statue et inscription votive dans une *tabula ansata.* 46 x 97 x 31 cm. Représentation de la naissance miraculeuse. Autour de la *petra genitrix* s'enroule un gros serpent. Le corps du dieu se dégage du rocher jusqu'aux hanches. Le bras gauche, soulevant le flambeau, indique la joie et la main droite tient un poignard.
Musée régional de Ptuj, inv. RL 143.

[9] Nelis Clément 2000, 183-184.

[10] Le Roux 2016, 399-418.

Naturae dei / Prudens Primi / Antoni Rufi p(ublici) p(ortorii) / uil(ici) uic(arius).

A la Naissance divine. Prudens, vicaire de Primus, esclave d'Antonius Rufus, intendant du revenu douanier.

Carlsen 1995, 50 ; Fitz 1993, 718, n°395 ; Lewis 2012, 260, n°171 ; Merkelbach 1994, 172 ; Selem 1980,100, n° 33.

c) Autel de Felix, vicaire de Prudens

CIL, III, 14354, 30 (= *ILS*, 4244) = *AIJ*, 294 = *CIMRM*, II, 1490 = *AE*, 1899, 75, Ptuj (*Poetovio*), Pannonie Supérieure, 138-161 ap. J.-C. Autel en marbre blanc à sommet plat avec trou au-dessus pour accueillir une statue de la pétrogénèse (naissance divine). 62 x 37 x 27 cm. Sur les côtés, bustes de Sol avec une couronne radiée (à g.) et de Luna avec un croissant (à dr.). L. 4 : *littera columnata* du T sur le N et le I.
Musée régional de Ptuj, inv. RL 144.
Petrae / Genetrici / Felix / Prudentis Antoni / Rufi p(ublici) p(ortorii) uil(ici) uic(arius) / ex uiso (*sic*).
A Petra Genitrix. Felix, vicaire de Prudens, esclave d'Antonius Rufus, intendant du revenu douanier (a fait ériger ce monument), à la suite d'un songe.
Fitz 1993, 718, n°395 ; Lewis 2012, 260, n°172 ; Merkelbach 1994, 172 ; Selem 1980, 100, n° 34.

Amodiataire du *uectigal*, C. Antonius Rufus[11] est l'un des trois fermiers (*conductores*) du *publicum portorium Illyrici* à *Poetouio*/Ptuj, à l'époque d'Antonin le Pieux, avec Q. Sabinius Veranus et T. Iulius Saturninus[12]. Sa trajectoire est mise en lumière par plusieurs documents épigraphiques qui retracent sa carrière de chevalier : C. Antonius Rufus apparaît sur un autel dédié à Hercule Auguste, pen-

[11] On connaît son *praenomen* par *AE*, 2008, 994.

[12] Pour Q. Sabinius Veranus : *CIL*, III, 4015, 14354, 15184. Pour T. Iulius Saturninus : *CIL*, III, 958 ; *AE*, 1998, 1074

dant le consulat de Barbarus et de Regulus, en 157 apr. J.-C.[13]. Membre de l'ordre équestre, il est *praefectus uehiculorum*, à la tête de poste impériale (*uehiculatio*), et plénipotentiaire de l'empereur sur les routes des Pannonies. À ce moment-là, son esclave Hermes Fortunatianus est le *uilicus* du *publicum portorium.* Vers 171 apr. J.C., lors de la guerre contre les Marcomans, il devient *procurator*[14], chargé du bureau financier de la Pannonie Supérieure[15]. L'un de ses esclaves, Hyacinthus, commémoré sur une base à Cautès, serait à l'origine de l'implantation des religions orientales à Poetovio, en les divulguant auprès des esclaves et des affranchis attribués au service de la douane et des finances[16].

Pour percevoir le *portorium*, ce fermier dispose d'une *familia uectigalia*, c'est-à-dire d'une domesticité fiscale dont la mission est de ponctionner les marchands au péage (*stemma* n°2). C. Antonius Rufus est ainsi le maître de Primus, intendant (*uilicus*) de cet impôt, lui-même ordinaire de deux vicaires, Festus et Prudens (cf. *stemma* des liens de dépendance, *infra*). Les deux sont des dévots qui font ériger des autels votifs à des divinités orientales : le premier est le *cultor* de l'autel à Mithra (a), le second honore la divinité *Petra Genitrix*, une pierre, source de vie, qui procrée des êtres surhumains, au nombre desquels Mithra. La mention *Ex uiso* – « à la suite d'un songe » – indique la dimension incubatoire du culte via la pratique de l'oniromancie par la divination des rêves. Il s'inscrit dans le culte mithriaque des cycles de la vie. *Natura dei* – la naissance divine – est vénérée dans le culte de Mithra pour célébrer la venue au monde de ce dieu oriental[17]. Dans les deux cas, c'est en tant que *uicarii* du douanier Primus que Festus et Prudens s'acquittent de leurs *uota.*

Par la suite, à l'affranchissement ou au décès de l'ordinaire (Primus), la vacance du métier de régisseur de la douane est comblée par un vicaire. Prudens est alors promu intendant d'un bureau douanier dans la société vectigalienne de Rufus. Alors *uilicus* du *portorium Illyrici,* il détient à son tour un vicaire, Felix.

Ce petit dossier livre plusieurs enseignements :

- Pour percevoir le *uectigal* d'Illyrie, le régisseur de l'impôt (*uilicus*) s'appuie administrativement sur son vicaire. Cela n'a rien d'étonnant si l'on songe que cette activité paperassière suppose le délivrement de reçus et de quittances (*recepta*) et la tenue de livres de comptes (*codices* fiscaux)[18]. Les travaux d'Hélène Cuvigny à partir des *ostraka* égyptiens ont en effet bien montré qu'une fois acquittée la taxe, le contribuable recevait un document

[13] *CIL*, III, 13283 (= *ILS*, 4225) = *CIMRM*, II, 1846 = *AE*, 2008, 994, Dalmatia, Vratnik : *I(nuicto) M(ithrae) / spelaeum cum / omne impen/sa Hermes C(ai) / Antoni Rufi / praef(ecti) ueh(iculorum) et / cond(uctoris) p(ublici) p(ortorii) / ser(uus) uilic(us) Fortu/nat(ianus) fecit.*

[14] Šašel Kos 1997, 314, n°104.

[15] *CIL*, III, 5117, 5487.

[16] Selem 1980, 99, n°31 à propos de *CIL*, III, 14353, 33 : *Primitivos(!) / C(ai) Antoni Rufi / proc(uratoris) Aug(usti) p(ublici) p(ortorii) c(ontra)scr(iptor) / in / memoriam / Hyacinthi.*

[17] Selem 1980, 168.

[18] Ørsted 1985, 153 ; Günther 2015, 238.

attestant ce paiement, un chirographe[19]. D'après ces tessons, on sait que les vicaires rédigent des quittances pour accuser réception d'une marchandise[20] ou des reçus certifiant le paiement d'un impôt (*uectigal* de la mer rouge, *quintana* à la sortie des pistes sableuses du désert arabique qui relient Coptos au port égyptien de Bérénice)[21]. Certains *ostraka* sont des bordereaux en blanc, prêts à être remplis, certifiant qu'un tel s'est acquitté du paiement de l'impôt[22]. Cette documentation permet de ne pas laisser comme des lettres mortes nos inscriptions. En Egypte, les vicaires sont en effet les rédacteurs de tablettes au protocole diplomatique formel : nom du débiteur, acquittement de la somme remise, date, objet du versement[23]. Ce sont des esclaves qui sont des experts dans l'« écriture libraire », ils s'attellent au recopiage

---

[19] Cuvigny 2000, 2012 et 2014.

[20] *O. Petr. Mus.*, 161-166. Écrits en Égypte, à *Berenike*/ Bender el-Kebir. Découvert à Koptos, en Haute-Égypte, dans les « Archives de Nikanor » (*ostraka* du Ier siècle), transporteur chamelier (sur ce thème, voir A. Leone, *Gli animali da trasporto nell'Egitto greco, romano e bizantino*, Roma-Barcelona 1988) : ces tessons gardent la trace d'Anikétos, vicaire de Kommounos, esclave de Tibère César Auguste, sis à *Bereniké*, port de la Mer Rouge, sur la côte des Troglodytes, entre 33 et 35 ap. J.-C. Nikanor, caravanier installé à Coptos, au nord de Thèbes, convoie, via ses chameliers (καμηλίτης), des cargaisons (vin de Ptolémaïs, artabes de grain) commandées par Anikétos, sur le trajet Coptos-Berenike (via les *praesidia* de Didymoi, Xéron Pelagos, Phalakros), dans le désert arabique. Ces *ostraka* sont les *recepta*, conservés par Nikanor et Philostratos, son fils, rédigés et envoyés par Aniketos, depuis Bérénice, certifiant la réception de convoi de marchandises, venues de Coptos. Rédigées par Anikétos, vicaire de Kommounos, les ἀποχαί (quittances) certifient l'importation de vins de Ptolémaïque (à partir des raisins blancs de la région de Maréotis) et de blé est destiné soit au grenier public (θησαυρὸν δημόσιον) de Bérénice, soit à l'un des postes militaires (*praesidia*) qui jalonnent la piste entre Coptos et Bereniké (*Dios*/Bir Abu Qreyia, Falakron, Apollonios Hydreuma, Cabalsi). Sur ce thème, voir les articles de Geraci : Geraci 2003, 637-655 ; Geraci 2004, 155-181 ; Geraci 2008, 307-322. Dans ces *ostraka*, le mot « vicaire » est rendu soit par le grec οὐικάριος, soit par des emboîtements de génitifs spécifiant le statut servile.

[21] Par exemple, le dossier des *ostraka* d'Epaphroditos, vicaire de Delias (*familia Neroniana*) : *O.Ber.*, 2, 184-188, écrits à Coptos et découverts à Bérénice. Les cinq tessons sont destinés à Pakoibis, *quintanensis* qui travaille, à la barrière douanière, pour la ferme fiscale de la κουτάνα. Epaphroditos, le vicaire, délivre ces laissez-passer aux transporteurs impériaux qui acheminent, depuis Coptos, des *keramia* de vin à Bérénice, via le désert arabique (Didymoi et Xeron Pelagos). Sur la rédaction de sauf-conduits dans le système douanier égyptien à l'époque romaine, voir Nappo 2016, 144.

[22] C'est le cas des bordereaux qui figurent sur les *ostraka* du dossier d'Epaphroditos, vicaire de Delias.

[23] Cette pratique de l'écrit par les vicaires selon les codes d'une *literacy* financière standardisée transparaît par ailleurs dans les *papyri* : par exemple *PMich*, 6767 = *SB*, 12169. Reçu pour l'approvisionnement des soldats en céréales. Découvert en Égypte, à Medinet el-Fayoum (Ptolemais Evergetis), nome Arsinoïte. Sous le règne de Domitien, Nymphodotos, vicaire de Moschos, économe impérial (οἰκονόμος), officie depuis le port de *Kainè*/Qina, dans la péninsule de la Mer Rouge : il rédige un papyrus dans lequel il spécifie avoir expédié 2089 artabes d'orge, soit 52225 litres, aux soldats stationnés en Thébaïde, dans le désert arabique. Il s'agit de ravitailler les προκιμένοί – *cohortes equitatae* ou *alae* – de la XXIIe légion Primigenia et de la XVe légion Apollinaris qui assurent la sécurité de la *uia Claudiana* (forts de Quarya, d'Abû Zawal) et de la *uia Porphyria* (forts d'Al-Sâqiya, Umm Balad).

Voir aussi *ChLA*, IV 275 = *P.Oxy*, IV, 735 = *Rom.Mil.Rec* 1, 81 = *CPL*, 134 = *CPJ*, III, 465. Reçu d'une livraison de froment. Découvert en Égypte, à Bahnasa (Oxyrhynchos).

de formulaires standardisés (bordereaux blancs). Les *uicarii* sont au cœur de la routine administrative impériale à l'œuvre dans les postes douaniers : ces petites mains sont les « gratte-papiers » qui assistent le *uilicus* en rédigeant, à longueur de journée, des certificats de paiement du *portorium*[24].

- Prudens doit probablement sa promotion à la formation dispensée par Primus, l'ordinaire, qui fut son « maître d'apprentissage ». Il y a fort à parier que c'est Primus, lui-même, qui a enseigné à sa jeune recrue, sinon l'*ars calculatoria*[25], du moins les premiers linéaments du métier de douanier. La carrière servile d'un vicaire peut donc être riche si le *uilicus* était un esclave de qualité, capable d'offrir de vraies compétences à son vicaire. Le conductorat douanier est un tremplin qui consacre les compétences de vicaires formés aux rudiments de l'*officium fiscale* par leurs titulaires.

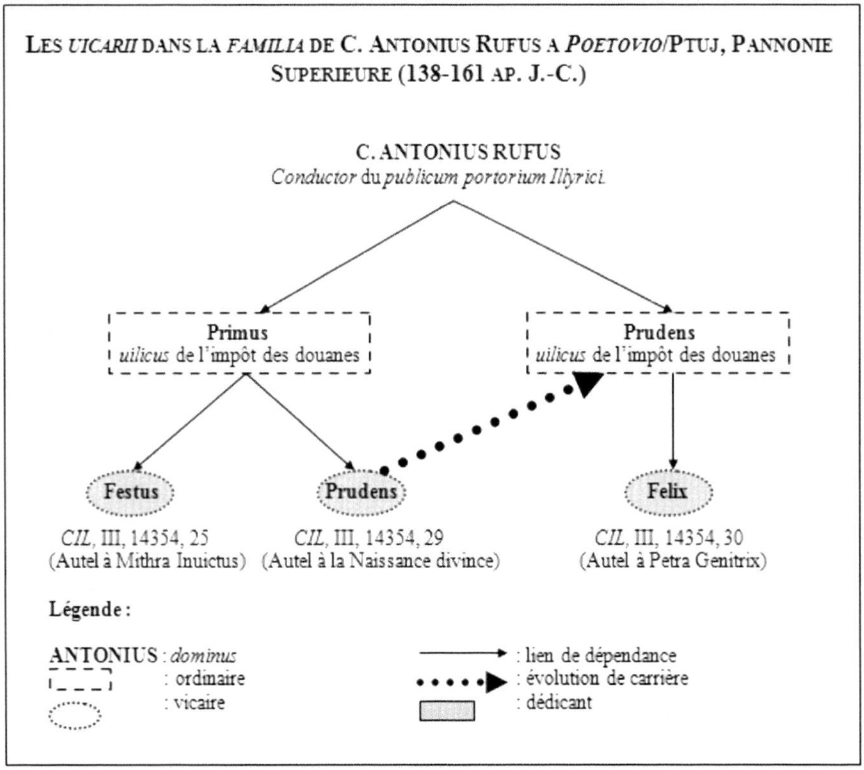

Stemma n°1 : *Les liens de dépendance dans la société vectigalienne de C. Antonius Rufus* (Ptuj, IIe s. apr. J.-C.)

---

[24] Béraud 2019, chap. 6 : « Un vicariat en actes : pratiques de l'écrit et *actae* de mains de vicaires dans la *familia Caesaris* ».

[25] Reduzzi Merola 1990, 49 : les *uicarii* sont achetés en bas-âges et à faible prix par les *ordinarii* qui les forment.

2. La trajectoire d'Eutyches : une formation à la douane dans la *familia vectigalis* des *Iulii*

Le second dossier provient de la station douanière d'*Atrans*/Trojane – *statio Atrantina* –, affermée aux *Iulii* entre 161 et 169 apr. J.-C. Située à la frontière entre l'Italie et le Norique, la station d'*Atrans*/Trojane fait le pendant au poste douanier d'*Ad publicanos*[26], situé sur le versant italien, sur la route Emona-*Atrans*[27]. Implantée au sud du Norique, elle fait partie du cordon des six postes douaniers – dont *statio Bilachiensis*/Larix et *statio Enensis*/Pons Aeni – que compte la province[28].

CIL, III, 5121 (= *ILS*, 1857) = *RINMS*, 105 = *ILLPRON*, 1928 = *CIMRM*, II, 1484 = Šašel Kos, 105, Trojane (*Atrans*), Norique, 160-169 ap. J.-C. Autel en marbre blanc cassé en haut et au milieu du dé à droite. Base moulurée sur trois côtés et couronnement plat. 87 x 49 x 37 cm.

Museum de Ljubljana, NMS, inv. L 23.

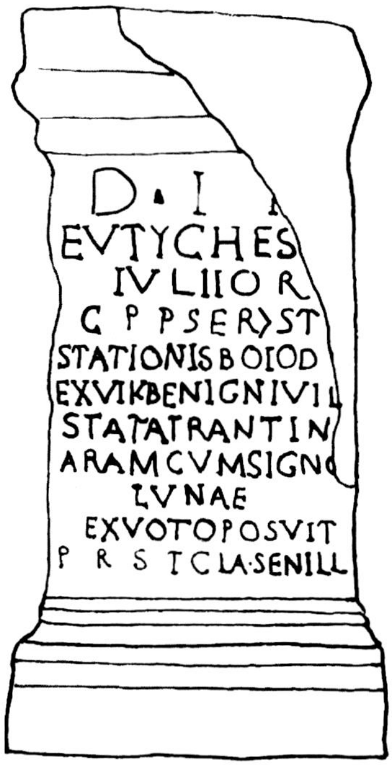

Dessin de l'auteur

[26] Contrairement à *Ad Publicanos*, poste douanier qui taxe les voyageurs quittant l'Italie, *Atrans* est le premier bureau qui prélève le *portorium* sur les marchands qui entrent dans le Norique.

[27] Šašel Kos 1997, 317, n°105.

[28] Dans le Norique, les cinq autres stations douanières frontalières sont Boiodurum (*statio Boiodurensis*), Pons Aeni (*statio Enensis*), le poste non localisé de Brixen / Bressanone, Loncium, et Larix (*statio Bilachiensis*).

D(eo) I(nuicto) M(ithrae) / Eutyches / Iulior(um) / c(onductorum) p(ortorii) p(ublici) ser(uus) c(ontra)s(crip)t(or)[1] */ stationis Boiod[u(rensis)] / ex ui<c=K>(ario) Benigni uil(ici) / stat(ionis) Atrantin(ae) / aram cum signo / Lunae / ex uoto posuit / pr(o)s(edente)*[2] *T(ito) Cla(udio) Senill(o).*

[1] Ligne 4 : C rétroversé suivi de ST pour *c(ontra)s(crip)t(or).*

[2] Šašel Kos : *pr(o)s(edente) p(rocuratore)* ; Selem : *p(rocuratore) r(ationum) s(ummarum).*

Au dieu Mithra Invaincu ; Eutyches, esclave des *Iulii*, contrôleur des fermiers du revenu douanier de la station de Boiodurum, ancien vicaire de Benignus, régisseur de la station d'*Atrans*, en remerciement de son vœu, a posé cet autel avec une statue de la Lune. T. Claudius Senillus, assurant la haute prêtrise.

Cumont 1896-1898, n°410 ; Fitz 1993, 724, n°401 ; Lafon 1964, 103 ; Lewis 2012, 208 et 258, n°161 ; Merkelbach 1994, 173 ; Mitthof 1992, 278, n°6 ; Nelis-Clément 2006, 297 ; Selem 1980, 91, n°18 ; Van Nijf 2008, 300.

Eutyches a d'abord été le vicaire de Benignus, intendant (*uilicus*) de la station douanière d'*Atrans*/Trojane, à la frontière entre l'Italie et le Norique (*stemma* n°2). Ces deux esclaves appartiennent aux *Iulii*, famille de fermiers[29] chargés de percevoir les taxes du *publicum* – revenu sur le commerce – durant le règne de Marc Aurèle et Lucius Vérus[30]. Intégré à la *familia uectigalis* d'un Iulius, ils participent à l'affermage de cet impôt. En tant que *uilicus stationis*, Benignus, l'*ordinarius*, était responsable de la collecte des *uectigalia* (taxes indirectes) sur le transport de marchandises[31].

Au moment où il érige cet autel à Mithra[32], Eutyches, le *cultor*, a été promu contrôleur (*contrascriptor*) des fermiers de l'impôt à *Boiodurum*[33], aux confins de la Rhétie et du Norique[34]. Le mot *contra* est rendu par un C rétroversé, par le signe >[35].

---

[29] Merkelbach 1994, 173, les *Iulii* (T. Iulius Capito, C. Iulius Epaphroditus, Iulius Ianuaris) sont bien documentés comme *conductores portorii publici Illyrici et ripae Thraciae* dans la deuxième moitié du IIe siècle ap. J.-C.

[30] Mitthof 1992, 278, n° 6, puis Lewis 2012, 208.

[31] Carlsen 1995, 46 ; Ionel 2001, 186.

[32] Si l'on se réfère à la mention de Primigenius, détenteur de la douane (*uilicus stationis Atrantinae*) qui séjourna à Atrans entre 161 et 168 ap. J.-C., notre inscription date de la première grande période de diffusion du mithracisme dans la région, c'est-à-dire, la seconde moitié du IIe siècle ap. J.-C. Voir *CIL*, III, 11674 = *ILLPRON*, 1952 : *Marti Aug(usto) / pro salute / Primigeni / Augg(ustorum) nn(ostrorum) uil(ici) / stat/ionis Atranti[n(ae)].*

[33] De Laet 1975, 188 et Ørsted 1985, 88, la fonction financière de *contrascriptor*, dévolue au contrôle, est documentée quasi exclusivement sur les frontières avec l'Italie.

[34] *CIL* ad., p. 2198 pense au contraire que, compte tenu de l'éloignement de la *statio Boiodurum*, située à la frontière du Norique, Eutychès y était employé avant de venir à Atrans. « *Ceterum Boiodurum situm in confinio Raetiae et Norici ad confluentes Danuuium et Aenum cum longe distet ab Atrante, hunc titulum opinor dedicasse Eutychen ex statione Atrantina promotum ad Boiodurensem antequam eo abiret.* »

[35] France 2009, 100.

En sa qualité de contrôleur, il doit vérifier les registres et les livres de comptes dressés par le personnel douanier du *uectigal* d'Illyrie[36].

La formule *ex uicario* indique qu'il a gravi un échelon d'un cursus servile en accédant au rang d'esclave de premier degré : il est alors un *uicarianus.* Inventé par P. Weaver, le mot *uicarianus* est forgé sur le terme *uicarius* auquel il ajoute le suffixe *–anus* : il désigne ainsi les vicaires qui, à l'affranchissement ou au décès de l'ordinaire, accèdent au statut d'esclave de premier degré[37]. Cela signifie que le lien de vicariat a été rompu, peut-être en raison de l'affranchissement ou du décès de son *ordinarius.* Eutyches ne reprend alors pas le poste de son ancien ordinaire. Notons toutefois qu'un Eutyches, *contrascriptor* de la station d'*Atrans*, dédie une inscription à la déesse thaumaturge *Noreia*[38] ; un Eutyches apparait aussi sur un monument mithriaque de *Siscia*/Sisak[39].

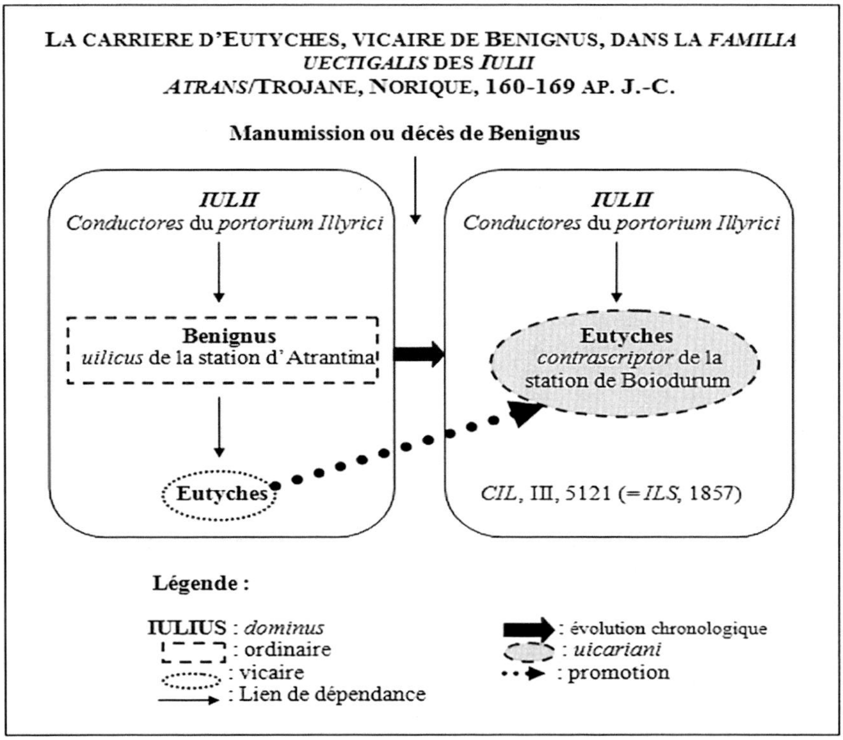

Stemma n° 2 *: Les liens de dépendance dans la société vectigalienne des* Iulii (Trojane, IIe s. apr. J.-C.)

[36] Mihailescu-Birliba et Odochiciuc 2014, 241.

[37] Weaver 1964, 126.

[38] *CIL*, III, 5123 (= *ILS*, 1858) = *ILLPRON*, 1934 (Atrans) : *Norei(a)e / August(ae) et / Honori / stat(ionis) Atrant(inae) / Bellicus et / Eutyches / |(contra)sc(riptores) stat(ionis) / eiusdem / ex voto.*

[39] *CIL*, III, 3958 = *CIMRM*, II, 1476 (Siscia, Pannonia superior) : *S(oli) I(nvicto) M(ithrae) / pro sal(ute) / Imp(eratoris) Caesar(is) / M(arci) Aur(eli) Anto/nini P(ii) F(elicis) Aug(usti) / Aur(elius) Eutyches / ex uoto.*

Nonobstant sa promotion, Eutyches choisit de conserver, dans son état civil, la trace de son vicariat dans la dépendance de Benignus. Le vicariat, son premier *status* d'esclave, lui apparaît ainsi digne de figurer sur la « carte d'identité » gravée sur l'autel à Mithra. Loin de minorer son geste votif, l'indication de son parcours servile révèle la respectabilité due à ses compétences fiscales, vraisemblablement acquises auprès de Benignus, son ordinaire. Tous deux sont en effet des *serui fiscales*, des esclaves fiscaux, rompus à la collecte du *portorium*. On sent poindre, à fleur de pierre, que le vicariat confère une dignité au vicaire en lui inculquant un savoir-faire (*peritia*) professionnel.

Le système d'ascension professionnelle par le vicariat est perceptible dans la domesticité vectigalienne des *Iulii*. Parce qu'elle suppose un apprentissage, la subalternité servile peut être, dans les cas où un *uilicus* serait compétent, la garantie pour son vicaire de « faire carrière ».

À l'issue de l'analyse de ces deux dossiers, il ressort trois types de renseignements qui permettent d'affirmer que le vicariat est une « école de la douane » et un laboratoire de fabrication d'esclaves douaniers.

- Dans les sociétés vectigaliennes, l'administration douanière est fondée sur la hiérarchisation servile de leur personnel subalterne. Leurs régisseurs, les *uilici*[40], sont des *serui peculiosi* propriétaires d'un ou plusieurs vicaires[41], main-d'œuvre subordonnée de la station de péage.
- Le vicariat est un système d'apprentissage : apprenti douanier (*discipulus* ou *discens*), le vicaire suit la formation fiscale dispensée par le titulaire, son maître d'apprentissage (*magister*). Pépinière de jeunes esclaves, le vicariat est une « école servile » de la douane. En les formant à leur propre « métier d'esclave », les *vilici* délivrent à leurs vicaires un savoir spécialisé. Les ordinaires se souciaient beaucoup de l'instruction professionnelle des jeunes recrues dans leur pécule. Il leur incombe le rôle crucial de dispenser à leur *seruus peculiaris* l'enseignement de leur métier de douanier.
- La complexité de la douane nécessite une instruction idoine dans les opérations de caisse : reçus, quittances, livres de comptes.... Pour cette raison, les douaniers sont fréquemment d'anciens vicaires qui, devenus esclaves de premier degré, prennent en charge la formation de leurs propres vicaires. Le dossier Prudens montre ainsi un ancien vicaire qui, étant devenu un « *uicarianus* », possède à son tour des vicaires dans son pécule[42]. Le vicariat fonctionne comme un système d'autoreproduction du personnel servile douanier : les *ordinarii* maîtres d'apprentissage sont eux-mêmes d'anciens vicaires qui, parvenus à l'esclavage de premier degré, se procurent, à leur tour, des *uicarii* qu'ils forment aux métiers de la douane.

En prouvant que le vicariat est une courroie de transmission du « métier d'esclave », ces deux dossiers posent la question du tremplin vers l'affranchissement

[40] Sur les *uilici* dans les postes douaniers, Aubert 1994, 334-342 ; France 2001, 394 et 440-441.
[41] Van Nijf 2008, 289.
[42] Weaver 1972, 218 et 222 et Boulvert 1974, 16.

que constitue, pour l'ordinaire, la possibilité de dispenser un enseignement douanier à son vicaire. On sait, en effet, qu'en amont de manumission, les esclaves *peculiosi* – détenteurs d'un pécule – négocient, avec le maître, les clauses de leur libération. Ils concluent une *pactio pro libertate*[43], un « pacte de liberté », contrat signé entre le maître et l'esclave sur l'affranchissement à venir. Une clause de cette *pactio* définit le devenir du vicaire après la *liberatio* de l'ordinaire. On comprend donc que pour l'ordinaire, le vicaire est un instrument de négociation avec le maître lorsqu'il s'agit d'obtenir sa liberté. Il peut choisir, en guise de prix de sa liberté, de laisser à son patron son vicaire : c'est la *manumissio de uicario relicto*. Ce type d'affranchissement supplée à la libération d'un fonctionnaire spécialisé[44]. Avant son départ de la maison, l'esclave ordinaire devait avoir formé son *uicarius* à un métier bien spécialisé : aussi les esclaves douaniers ont-ils manifestement intégré l'obligation de pourvoir à leur poste pour accélérer leur libération.

Bibliographie

Aubert J.-J., 1994, *Business managers in Ancient Rome: a social and economy study of institores*, 200 B.C.- A.D. 250, Leiden.

Beraud M., 2019, *Esclaves d'esclaves. Vicarii et uicariae dans le monde romain (IIIe siècle av. J.-C. - IVe siècle apr. J.-C.)*, thèse dactylographiée, Université Grenoble Alpes, Grenoble.

Booth A. D., 1979, *The Schooling od Slaves in First-Century Rome*, «TaPha», 109, 11-19.

Boulvert G., 1974, *Domestique et fonctionnaire sous le haut empire romain : la condition de l'affranchi et de l'esclave du prince*, Paris.

Brunt P. A., 1990, *Publicans in the Principate*, in P.A. Brunt (ed.), *Roman Imperial Themes*, Oxford, 354-432.

Carlsen J., 1995, Vilici *and Roman Estate Managers until AD 284*, Rome.

Cumont F., 1896-1898, *Textes et monuments figurés relatifs aux Mystères de Mithra*, Bruxelles.

Cuvigny H., 2000, *Mons Claudianus. Ostraca Graeca et Latina III. Les reçus pour avances à la familia. O. Claud. 417 à 631*, Le Caire.

Cuvigny H., 2012, *Petits documents administratifs, comptables et juridiques*, in J.-P. Brun (dir.), *Didymoi, Une garnison romaine dans le désert oriental d'Égypte - 2, Les textes*, Le Caire.

Cuvigny H., 2014, *Le système routier du désert Oriental égyptien sous le Haut-Empire à la lumière des ostraca trouvés en fouille*, in J. France, J. Nélis-Clément (edd.), *La* statio. *Archéologie d'un lieu de pouvoir dans l'empire romain*, Bordeaux, 247-287.

[43] Sur le *pactio pro libertate*, voir Jacota 1966 : p. 207 ; *Dig.* 4.3.7.8, Ulpien ; *Dig.* 40.1.16, Alfenus Varus ; *Dig.* 15.1.8.5, Labéon ; Muñiz Coello 1989, 118 ; Fabre 1992, 131.

[44] Béraud 2019, chap. 5, « La *manumissio de uicario relicto* : un vicaire pour prix de la liberté » à partir notamment du rescrit de Gordien III (*C.I.* 7. 9. 1) sur l'affranchissement des esclaves publics (241 ap. J.-C.). Sur ce rescrit, voir Nicoletti 1984, 1485 et Reduzzi Merola 1990, 179, n. 172.

De Laet S. J., 1975, Portorium : *étude sur l'organisation douanière chez les Romains*, New-York.

Erman H., 1896, Servus vicarius *: l'esclave de l'esclave romain*, Lausanne.

Fabre G. (1992), *Mobilité et stratification : le cas des serviteurs impériaux*, in E. Frezouls (dir.), *La mobilité sociale dans le monde romain*, Strasbourg, 123-159.

Fitz J.,1993, *Die Verwaltung Pannoniens in der Römerzeit*, Budapest.

Forbes C. A., 1955, *The education and training of slaves in Antiquity*, «TAPhA», 86, 321-360.

France J., 1999, *Un* dispensator [f(isci) k(astrensis) *?] des trois Auguste dans le port romain de Toulon (Telo Martius)*, «ZPE», 125, 274.

France J., 2000, *Le personnel subalterne de l'administration financière et fiscale dans les provinces des Gaules et des Germanies*, «CCG», 11, 193-221.

France J., 2001, Quadragesima Galliarum. *L'organisation douanière des provinces alpestres, gauloises et Germaniques de l'Empire romain (Ier siècle av. J.-C.- IIIe siècle ap. J.-C.)*, Roma/Paris.

France J., 2009, *La station du quarantième des Gaules à Lugdunum des Convènes (Saint-Bertrand-de-Comminges*, «Aquitania», 25, 95-106.

Geraci G., 2003, *Alessandria, l'Egitto e il rifornimento frumentario di Roma in età repubblicana e imperiale*, in B. Marin, C. Virlouvet (edd.), *Nourrir les cités de Méditerranée. Antiquité – Temps modernes*, Paris, 637-655.

Geraci G., 2004, Mensura, pondus *e* probatio *di stato nel rifornimento granario di Roma imperiale (e Costantinopoli)*, in F. Elia (ed.), *Politica, retorica e simbolismo del primato : Roma e Costantinopoli (secoli IV-VII)*. Omaggio a R. Soraci, II, Catania, 155-181.

Geraci G., 2008, *Granai nell'Egitto ellenistico e romano : problemi tipologici, lessicali, funzionali e metodologici*, «MEFRA», 120/2, 307-322.

Hirt A. M., 2010, *Imperial Mines and Quarries in the Roman World: Organizational Aspects 27 BC- AD 235*, Oxford.

Ionel O., 2001, Vilici *nell'amministrazione finanziaria dell'Italia centro-meridionale e la Dacia*, «Studia Antiqua et Archaeologica», 8, 185-191.

Keegan P., 2013, *Reading the "Pages" of the* Domus Caesaris*:* Pueri Delicati*, Slave Education, and the* Graffiti *of the Palatine* Paedagogium, in M. George (ed.), *Roman Slavery and Roman Material Culture*, Toronto, 43-68.

Laes Ch., 2008, *Child Slave at work in Roman Antiquity*, «AncSoc», 38, 235-283.

Lafon J., 1964, *Le* servus vicarius, mémoire dactylographié, Université de Bordeaux.

Le Roux P., 2016, Poetovio*, colonie de Trajan, au miroir des inscriptions*, in F. Mainardis (ed.), *Voci Concordi.* Scritti per Claudio Zaccaria, Trieste, 399-418.

Lewis J. P., 2012, *What's a* vicarius*? Or how « true meaning can mislead you »: development and typology of subowned slavery in Rome (212 BC-AD 235)*, thèse dactylographiée, Université d'Edimbourg.

Merkelbach R., 1994, *Mithras: ein persisch-römischer*, Weinheim.

Mihailescu-Birliba L., 2006, *Les affranchis dans les provinces romaines de l'Illyricum*, Wiesbaden.

Mihailescu-Birliba L. et Odochiciuc A., 2014, *Occupations of private slaves in Roman Dacia*, «Studia Antiqua et archeologica», 20, 231-247.

Mitthof F., 1992, *Der Vorstand der Kultgemeinden des Mithras. Eine Sammlung und Untersuchung der inschriftlichen Zeugnisse*, «Klio», 74, 275-290.

Muñiz Coello J., 1989, Officium dispensatoris, «Gerión», 7, 107-119.

NAPPO D., 2016, *Il sistema doganale dell'Egitto romano alla luce della evidence documentaria*, in I. Micheli (ed.), *Materiality and Identity*, Trieste, 137-148.

NÉLIS CLÉMENT J., 2000, *Les* beneficiarii *: militaires et administrateurs au service de l'empire (Ier s. a. C.-VIe s. p. C.)*, Bordeaux.

NELIS-CLÉMENT J., 2006, *Les* stationes *comme espace et transmission du pouvoir*, in A. Kolb (dir.), *Herrschaftsstrukturen und Herrschaftspraxis. Konzepte, Prinzipien und Strategien der Administration im römischen Kaiserreich*, Berlin.

NICOLETTI A., 1984, Servi publici *e* vicarii *in* CI. *7. 9. 1*, *«* Sodalitas *»*, *Scritti in onore di A. Guarino*, III, Napoli, 1483-1488.

ØRSTED P., 1985, *Roman Imperial Economy and Romanization. A Study in Roman Imperial Administration and the Public Lease System in the Danubian Provinces from the First to the Third Century A.D.*, Copenhague.

ØRSTED P., 1992, Quattuor publica Africae*: Custom Duties or Landtax?*, in A. Mastino (ed.), *L'Africa romana*, Atti del IX convegno di studio. Nuoro, 13–15 dicembre 1991, SASSARI, 813-829.

PISO I. et MOGA V., 1998, *Un bureau du* Publicum Portorium Illyrici *à* Apulum, «AMN», (Acta Musei Napocensis. I, Preistorie-Istorie veche-Arheologie - Cluj-Napoca), 35/1, 105-108.

REDUZZI MEROLA F., 1990, Servo parere *: studi sulla condizione giuridica degli schiavi* vicari *e dei sottoposti a schiavi nelle esperienze greca e romana*, Napoli.

ŠAŠEL KOS M., 1997, *The Roman Inscriptions in the National Museum of Slovenia*, Ljubljana.

SELEM P., 1980, *Les religions orientales dans la Pannonie romaine*, Leiden.

VAN NIJF O., 2008, *The social World of Tax Farmers and their Personnel*, in M. Cottier et *alii* (edd.), *The Customs Law of Asia*, Oxford, 279-311.

WEAVER P., 1964, Vicarius *and* Vicarianus *in the* Familia Caesaris, «JRS», 54, 117-128.

WEAVER P., 1972, *Familia Caesaris: a social study of the emperor's freedmen and slaves*, Cambridge.

CRISTINA SORACI

Il *frumentum* mancipale

DOI: 10.48255/9788891332813.04

Quando, muovendo i primi passi nel mondo della ricerca scientifica, ho affrontato lo studio delle tematiche fiscali, mi sono ben presto imbattuta nell'esistenza di una categoria poco nota di *frumentum*: il *frumentum mancipale*.

Uno studio illuminante sul tema è stato condotto da Claude Nicolet nel 1991[1]: esso rimane insuperato e insuperabile da tanti punti di vista. Tuttavia, anni di riflessioni su questo argomento mi hanno indotto a riprendere la questione, partendo da un riesame delle fonti rilette alla luce dei lavori nel frattempo pubblicati; sono, quindi, giunta alle conclusioni illustrate nelle pagine che seguono.

1. Le fonti

L'espressione *frumentum mancipale* si trova solo nelle fonti epigrafiche. È riportata in undici iscrizioni, provenienti una da Roma e le altre da tre province dell'impero, ossia Asia, Macedonia, Betica (Fig. 1).

In realtà, l'apparente (e, comunque, sempre molto limitata) numerosità delle epigrafi non deve illudere: otto delle undici iscrizioni menzionanti il *frumentum mancipale* riportano un testo pressoché uguale e si riferiscono al medesimo personaggio, Caius Vibius Salutaris[2]. Furono ritrovate a Efeso, nell'edificio teatrale nel quale alcune di esse sono ancora conservate; altre si trovano invece all'Ephesos

---

[1] Nicolet 1991.

[2] *IEphesos* 28-31 e 33-36. Le iscrizioni nr. 32 e 37 sono molto lacunose; sebbene dovessero contenere ugualmente il riferimento al *frumentum mancipale*, non ho ritenuto di doverle includere nel novero delle menzioni del termine perché, a rigore, esse ne sono prive; la nr. 31 presenta solo la "f" di *frumentum mancipale*, ma il testo greco corrispondente è pressoché completo in quel punto: σ]είτ[ου] δήμου Ῥω[μαίων; cfr. *CIL* 3.14195, 4-13 e *ILS* 7193-7195. Sul gentilizio Vibius vd. Bivona 1994, 242.

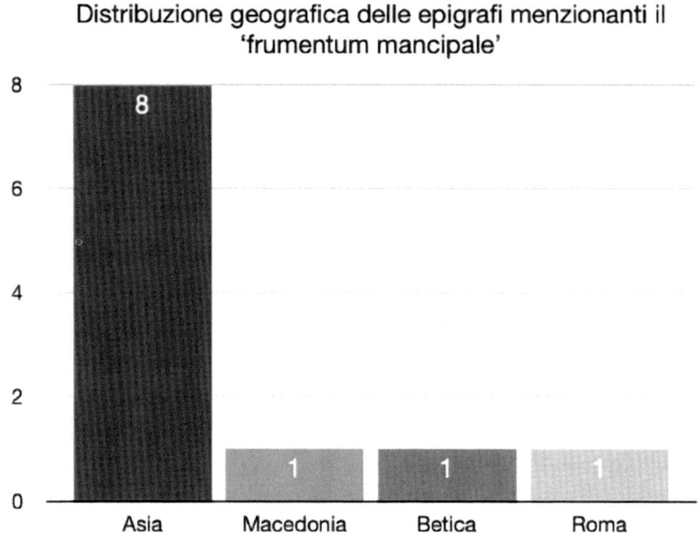

Fig. 1 (elaborazione dell'A.)

Museum di Vienna, che possiede anche i calchi di tutte le epigrafi di Vibius, mentre frammenti di queste sono esposti al British Museum di Londra[3]. Alcune delle iscrizioni fatte incidere da Vibius Salutaris menzionano i consoli Sextus Attius Suburanus e Marcus Asinius Marcellus e, dunque, l'intero complesso risale certamente al 104 d.C.

La particolarità di queste testimonianze è dovuta a svariate motivazioni. Innanzi tutto, esse fanno parte di un gruppo corposo di iscrizioni, comprendente documenti in greco redatti dalle pubbliche autorità (βουλή e δῆμος, proconsole, legato), mentre altri, quelli che riportano il *cursus honorum* di Vibius (cfr. gli esemplari nelle figure 2a e b), sono bilingui e vennero fatti incidere dal dedicante in onore di Artemide Efesia e di alcune φύλαι e istituzioni cittadine, a testimonianza di una fondazione finanziata dallo stesso Salutaris, che si presentava come evergete della πόλις di Efeso. Il lascito di Vibius Salutaris comprendeva denaro sufficiente alla realizzazione di una trentina di statue, la maggior parte delle quali realizzate in argento, alcune dorate e una in oro, che, ogni due settimane circa, dovevano essere portate in processione dal tempio al teatro e dal teatro al tempio, i due monumenti pubblici più rappresentativi della città[4]. Infine, è opportuno evi-

[3] La loro scoperta fu dovuta alla spedizione diretta dall'architetto John Turtle Wood nel 1866; Wood mirava a ritrovare l'Artemision, ma tre anni di scavi non avevano prodotto nessun risultato in tal senso; doveva, però, continuare a ricevere i fondi del British Museum e, per convincere il Museo dell'opportunità di concedere ulteriori finanziamenti, effettuò alcune indagini presso il teatro, rinvenendo le iscrizioni di Vibius (Wood 1877, vii e 70), alcune delle quali furono trasportate a Londra, ma nel corso del viaggio si danneggiarono: Kokkinia 2017-18, 215.

[4] Elsner 2007, 229-232; Sokolicek 2019.

denziare che le epigrafi bilingui fatte incidere da Vibius riportano il medesimo testo, con alcune varianti più o meno significative, prima in latino poi in greco. Ne è un esempio *IEphesos* 29:

> *Dianae Ephesiae / et phyle Teion / C(aius) Vibius, C(aii) f(ilius), Vof(entina), Salutaris, promag(ister) / portuum provinc(iae) Siciliae, item promag(ister) fru/menti mancipalis, praef(ectus) cohor(tis) Asturum et Callaeco̩/rum, trib(unus) (militum) leg(ionis) XX II Primigeniae P(iae) F(idelis), subprocura/tor provinc(iae) Mauretaniae Tingitanae, item provinc(iae) Belgi/cae, Dianam argenteam, item imagines argenteas duas, / [u]nam Lysimachi et aliam phyles, sua pecunia fecit ita, ut / [o]ṃn<i e>cclesia supra bases ponerentur; ob quarum dedicatio/nem in sortitionem sex phylaes consecravit HS(sestertiis) XXXIII (milia) CCC XXXIII[S]*

> [Ἀρτ]έμιδι Ἐφεσίᾳ καὶ φυλῇ Τηΐων Γ(άϊος) Οὐείβιος, Γ(αΐου) υἱός, Οὐωφεντίνα, / [Σ]αλουτάριος, ἀρχώνης λιμένων ἐπαρχείας Σικελίας καὶ / [ἀρ]χώνης σείτου δήμου Ῥωμαίων, ἔπαρχος σπείρης Ἀστούρων / [κ]αὶ Καλλαικῶν, χειλίαρχος λεγιῶνος κβ′ Πρειμιγενίας Πίας / Φιδήλεως, ἀντεπίτροπος ἐπαρχείας Μαυρετανίας Τιγνι/τανῆς καὶ ἐπαρχείας Βελγικῆς, Ἄρτεμιν ἀργυρέαν καὶ / εἰκόνας ἀργυρέας δύο, μίαν Λυσιμάχου καὶ ἄλλην τῆς φυλῆς, / ἐκ τῶν ἰδίων ἐποίησεν· ἅτινα καθιέρωσεν, ἵνα τιθῆνται / κατ' ἐκκλησίαν ἐν τῷ θεάτρῳ ἐπὶ τῶν βάσεων, ὡς ἡ διάταξις / αὐτοῦ περιέχει· καθιέρωσεν δὲ καὶ εἰς κλῆρον ταῖς ἓξ φυλαῖς / δηνάρια ͵ητλγ′ ἀσ(σάρια) ς′. / [ἐ]πὶ ἀνθυπάτου Γαΐου) Ἀκυιλλίου Πρόκλου, γραμματεύοντος Τιβ(ερίου) Κλαυδίου / Ἰουλιανοῦ, φιλοσεβάστου καὶ φιλοπάτριδος, τὸ β′.

> Per Artemide Efesia e la *phyle* di Teion. Gaio Vibio Salutare, figlio di Gaio, della tribù Ufentina, appaltatore capo dei porti (= dell'imposta doganale) della provincia di Sicilia e appaltatore capo del frumento mancipale (in greco: del grano del popolo di Roma), prefetto della coorte degli Asturi e dei Calleci, tribuno militare della legione ventiduesima Primigenia Pia Fedele, sottoprocuratore della provincia della Mauretania Tingitana e della provincia Belgica, ha realizzato a sue spese una Diana di argento e due statue di argento, una di Lisimaco e l'altra della *phyle*, (il testo greco aggiunge: le ha consacrate) affinché venissero poste durante l'assemblea (il testo greco aggiunge: nel teatro) sopra le basi (il testo greco aggiunge: come prevede la sua disposizione); per la dedica delle quali ha consacrato a vantaggio di sei *phylai* scelte a sorte 33333 sesterzi (nel testo greco: 7333 assi). (Il testo greco aggiunge: Nel proconsolato di Gaio Aquillio Proclo, mentre era scriba per la seconda volta Tiberio Claudio Giuliano, fedele a Cesare e amante della patria).

Il *cursus honorum* di Vibius iniziò proprio con l'incarico di *promagister frumenti mancipalis*, formula che in greco è significativamente resa con ἀρχώνης σείτου δήμου Ῥωμαίων[5]; una delle sette epigrafi, la *IEphesos* 33, specifica che

[5] Per il significato dei sostantivi *promagister* e ἀρχώνης e per la sfumatura di significato che separa quello latino dal corrispondente greco vd. MEROLA in questo volume.

tale incarico era stato rivestito nella provincia della Sicilia: *promag(ister) provinc(iae) portuum Sicili/ae item promag(ister) frumenti mancipalis eiusdem / provinc(iae)*; è interessante osservare, comunque, come una simile precisazione sia riportata nel solo testo latino, mentre quello greco rimane in questo punto invariato in tutte le epigrafi.

Fig. 2a: *IEphesos* 29. Wien, Ephesos Museum.
Fig. 2b: *IEphesos* 30. Londra, British Museum (immagini tratte, rispettivamente, da https://turkisharchaeonews.net/article/treasures-ephesus-ephesos-museum-vienna#toc e https://www.britishmuseum.org/collection/object/G_1868-0620-56: © The Trustees of the British Museum).

L'iscrizione rinvenuta in Macedonia è databile tra il I e il II sec. d.C. e menziona un *praefectus fabrum et frumenti mancipalis Africae*[6]:

> *C(aio) Graecinio C(ai) f(ilio) Vol(tinia) / Firmino praef(ecto) fabrum / et frumenti mancipalis provinc(iae) Africae / dec(urioni) quaest(ori) col(oniae) Philipp(iensium) an(norum) LVIII / Graeciniae Veneriae an(norum) XLVII / C(aius) Graecinius Romulus Venustus Firmini / [filius.*

> Per Gaio Grecinio Firmino, figlio di Gaio, della tribù Voltinia, prefetto dei fabbri e del frumento mancipale della provincia d'Africa, decurione, questore della colonia di Filippi, di anni cinquantotto, per Grecinia Veneria di anni quarantasette (fece incidere questa epigrafe) il figlio, Gaio Grecinio Romolo Venusto Firmino.

[6] *Philippi* 718 = *CIPh* 2.1.56 = *AE* 1952, 225 = *AE* 2010, 1472 = *ECDS* 13900443. L'iscrizione è stata ritrovata nel cimitero giudeo di Tessalonica, ma è stata attribuita a Philippi. Brélaz, Rizakis 2003, 164.
P.M. Petsas, AEphem 90, 1950-51, 56-58, Nr. 3.

L'iscrizione di Roma, oggi conservata presso i Musei Vaticani, è datata tra l'età flavia e il II sec. d.C. per la presenza del gentilizio Flavius; essa menziona un *dispensator frumenti mancipalis*, il cui ricordo fu fatto incidere da una liberta, Flavia Corinthias (figg. 3a e b)[7]:

> *Lysimacho / Aug(usti) disp(ensatori) / frument(i) / mancip(alis) fec(it) / Fl(avia) Corinthias.*
>
> Per Lisimaco, (schiavo) di Augusto, pesatore del frumento mancipale, fece (incidere questa epigrafe) Flavia Corinzia.

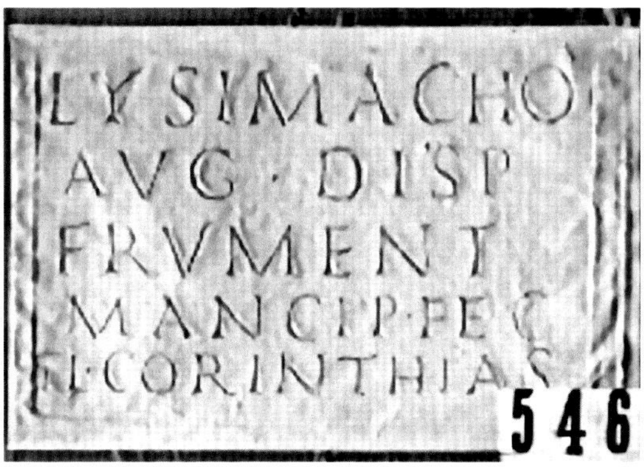

Figg. 3a e 3b: Epigrafe di Lysimachus (immagini tratte, rispettivamente, da http://gams.uni-graz.at/o:epsg.546 e Di Stefano Manzella 1995, fig. 36a nr. 93)

Altri hanno da recente ritenuto di dover sciogliere le abbreviazioni nel senso che Flavius Corinthias, liberto e addetto imperiale alla pesatura del frumento, avesse attuato la *mancipatio* in favore di Lisimaco: *Aug(usti) disp(ensator) / (ad) frument(um) / mancip(ationem) fec(it)*[8]. Tale lettura, tuttavia, è assolutamente da escludere, non solo per l'integrazione non necessaria dell'*ad*, ma anche perché Corinthias è attestato nelle iscrizioni solo come nome femminile[9].

Infine, l'epigrafe spagnola, oggi perduta, proviene da Hispalis, l'attuale Siviglia, nella Betica. È anch'essa databile alla metà del II sec. d.C. sia per il formulario che per la presenza di uno schiavo nato nella casa imperiale di Antonino Pio e sposato con una liberta di nome Elia Italia, probabilmente originaria di Hispalis, la città dove venne ritrovata l'epigrafe. In essa, se la verosimile integrazione

---

[7] *CIL* 6.8853 = *ILS* 1536 = *EDCS* 18800041. Lo scioglimento dell'abbreviazione del *nomen* in Flavia è proposta di Nicolet 1991, 122. Per la datazione cfr. le ipotesi elencate da Ilardi 2000, 113-114.

[8] La lettura alternativa è offerta da I. Weber-Hiden, in *EpSG* 546: http://gams.uni-graz.at/o:epsg.546. È opportuno osservare che la stessa equivalenza *mancipium/mancipatio* non è accettata senza difficoltà dai giuristi: Arces 2013, 76-77.

[9] Vd. ad es. Solin 1982, 581-582.

di Rostowzew è corretta, è riportata la carica, già attestata dall'iscrizione romana, di *dispensator frumenti mancipalis*:

> *Aeliae Italiae / uxori sanctis/simae et castis/simae fecit Pius / Aug(usti) n(ostri) verna / dispensator / [frumen]t(i) mancip(alis)*[10].
>
> Per Elia Italia, moglie virtuosissima e castissima, fece (incidere questa epigrafe) Pio, schiavo nato in casa del nostro Augusto, pesatore del frumento mancipale.

2. Le mansioni connesse al *frumentum mancipale*

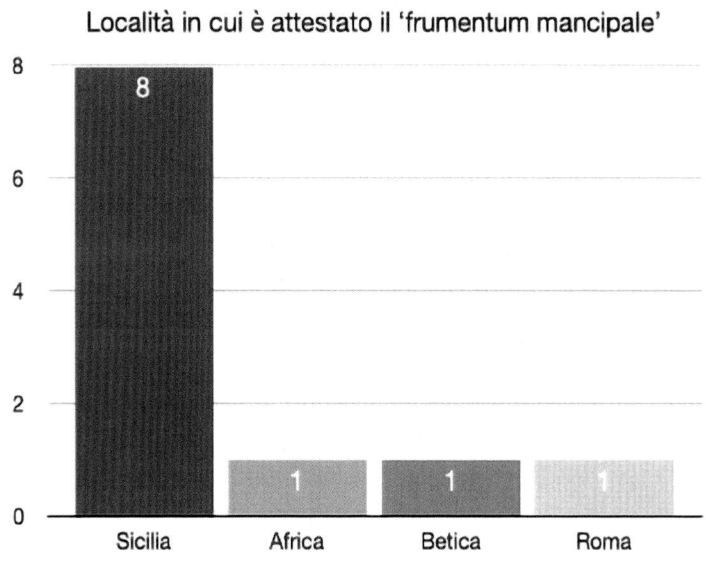

Fig. 5 (elaborazione dell'A.)

Dall'analisi delle epigrafi sopra menzionate si può dedurre l'esistenza di tre incarichi connessi all'esistenza del *frumentum mancipale*, che venivano svolti nell'Urbe o nelle province.

Uno di questi incarichi era quello di *dispensator*. Tale funzionario era un cassiere, che riscuoteva, verificava (anche attraverso la pesatura, da cui originariamente il termine traeva origine, come mettono in evidenza le fonti) e distribuiva

[10] *CIL* 2.1197 = *CILA* 2.1.97 = *ECDS* 05501200 = *HEpOL* 1165. *Dispensator [frumen]t(i) mancip(alis)*, secondo la verosimile restituzione di Rostowzew 1902, 101, o *tr(itici?) mancip(alis)*, a parere di Manganaro 1988, 36. Boulvert 1974, 78-79 n. 468 e 278 n. 108. Sull'incarico di *dispensator frumenti mancipalis* cfr. Boulvert 1970, 155-156; Pavis d'Escurac 1976, 183-184; Gonzáles Fernández 2017, 295-296.

denaro o frumento[11]. Nell'ambito legato all'approvvigionamento e alle attività connesse con i prodotti in natura, conosciamo anche *dispensatores a frumento*, *dispensatores ad frumentum* e *dispensatores fisci frumentarii*[12]; nell'esercito il *dispensator* provvedeva anche alla distribuzione delle razioni di cereali: lo sappiamo da recenti ritrovamenti avvenuti sul *Mons Claudianus* in Egitto[13].

La mansione di *dispensator* era ricoperta da schiavi imperiali, come si può desumere dai nomi a noi pervenuti per via epigrafica, Lysimachus da Roma e Pius. Il primo era sicuramente operante a Roma, dove dovrebbe essere stata rinvenuta l'epigrafe che lo commemora e che faceva parte della collezione del cardinale Passionei; il secondo, se effettivamente l'integrazione *[frumen]t(i)* dell'ultima riga è corretta, potrebbe aver operato a Roma o in provincia (nel caso specifico, la Betica)[14]. La menzione di questo tipo di *frumentum* nelle suddette iscrizioni è stata respinta da alcuni studiosi: l'epigrafe romana, lo si è detto, è stata da recente interpretata come alludente a una *mancipatio*[15], mentre in quella spagnola la parola *mancip* è stata ritenuta un errore del lapicida, che avrebbe dovuto incidere *municip*[16]. Ancora una volta, quindi, appare evidente come sia necessario gettare maggiore luce sulle dinamiche economiche e fiscali del mondo greco e romano e diffondere il più possibile i risultati delle ricerche quale valido ausilio all'interpretazione dei testi antichi e per evitare il propagarsi di errori scongiurabili. Nonostante i dubbi espressi in tempi recenti e non, infatti, non sembra potersi mettere in discussione il fatto che l'epigrafe spagnola e quella romana alludano allo stesso incarico – quello di *dispensator frumenti mancipalis* – e che si integrino a vicenda.

---

[11] Varro *Ling.* 5.183: *ab eodem aere pendendo dispensator*; Gai. *inst.* 1.122: *pecuniam non numerabat eam, sed appendebat: unde servi quibus permittitur administration pecuniae dispensatores appellati sunt*; Festus, *Gloss. Lat.* 63: *dispensatores dicti, quia aes pensantes expendebant, non adnumerabant*; Isid. *Etym.* 10.67: *Dispensator vocatur, cui creditur administratio pecuniarum. Et ideo dispensator quia prius qui dabant pecuniam non numerabant eam, sed adpendebant*; cfr. anche Plin. 33.13.43. A un incarico consistente nell'essere responsabile dei fondi di una cassa particolare (cfr., in tal senso, Nicolet 1991, 122 e n. 8), nel percepire dagli affittuari il *frumentum mancipale* e nello spedirlo in anfore a Roma pensa, invece, González Fernández 1991, 95-96.

[12] *Dispensatores a frumento*: *CIL* 13.4323 = *ILS* 410 = *EDCS* 10601290 (da Divodurum, in Belgica, 193 d.C.); *CIL* 10.1562 = *ILS* 344 = *EDCS* 11500496 (da Puteoli, 139-161 d.C.) = *EDR* 116016; *CIL* 14.2833 = *ILS* 1538 = *EDCS* 05800814 = *EDR* 156433 (da Praeneste, 26-75 d.C.).

Dispensatores ad frumentum: *CIL* 3.13649a = *IGRRP* 3.25 = *CIG* 3738 = *ILS* 1539 = *IKios* 46 = *EDCS* 26600081 = *EDH* 037068 (da Kios; l'incarico è reso in greco con le parole οἰκόνομος ἐπὶ τοῦ σείτου).

Dispensatores fisci frumentari: *CIL* 6.544 = *ILS* 1540 = *EDCS* 17300690 (entrambe provenienti da Roma e incise in età traianea) e *CIL* 6.30804 = *ILS* 1540a = *EDCS* 17300777.

[13] Cuvigny 2016, 933 e 938.

[14] Pensa a un qualche collegamento con la provincia Salido Domínguez 2013, p. 141.

[15] Di Stefano Manzella 2003, nr. 93.

[16] Andreu Pintado 2010, 181 n. 27: scrive che al posto di "*mancip(alis) –sic* (…) debe leerse *municip(alis)*, aunque es así como la inscripción se ha transmitido en la tradición manuscrita". L'errore ha precedenti illustri: nel caso delle epigrafi di Vibius, Holm 1898, 535 nr. 211 leggeva, erroneamente, *promagister frumenti municipalis* e si chiedeva in quale *municipium* Vibius avesse ricoperto l'incarico di *promagister*…

Una seconda mansione è quella di *praefectus*: l'epigrafe di Filippi mostra che uno stesso individuo poteva ricoprire, sembra contemporaneamente, i ruoli di «prefetto dei fabbri» e di «prefetto del frumento mancipale dell'Africa» (*praefectus fabrum et frumenti mancipalis Africae*). Tale epigrafe costituisce un interessante anello di congiunzione con quelle che onorano Vibius Salutaris, giacché questa presenta un funzionario addetto al frumento mancipale della provincia d'Africa, quelle un funzionario addetto al frumento mancipale della provincia di Sicilia. Sicilia e Africa sono due province senatorie, per antonomasia tra le principali produttrici di grano a Roma; del resto, anche la provincia senatoria della Betica, da cui proviene l'epigrafe di Hispalis, era nota per la produzione cerealicola. L'incarico di prefetto dei fabbri rivestito da Grecinio Firmino non è tutt'oggi chiaro: si dubita persino se si tratti di un incarico di natura civile o militare[17].

Una terza mansione è quella di Vibius Salutaris, *promagister* nella versione latina, ἀρχώνης in quella greca. Vibius rivestì due incarichi nella provincia di Sicilia – non sappiamo se contemporaneamente o uno dopo l'altro[18] –, il primo connesso ai porti siciliani, il secondo al frumento mancipale: *promag(ister) provinc(iae) portuum Sicili/ae item promag(ister) frumenti mancipalis eiusdem / provinc(iae)*, ἀρχώνης λιμένων ἐπαρχείας Σικελίας / ἀρχώνης σείτου δήμου Ῥωμαίων. È incerto se Vibius sia stato un privato o un funzionario a servizio dell'imperatore[19]; forse, però, nel suo caso le due figure non devono essere distinte e Vibius sarà stato un privato a servizio dello Stato[20]. La titolatura di Vibius fotograferebbe un momento di passaggio amministrativo e gestionale, a mio avviso non solo e non tanto dei possedimenti del popolo romano al *princeps*[21], quanto della verifica e del trasporto dei tributi cerealicoli: il sistema dell'appalto a *societates* di *publicani* sarebbe stato così sostituito da una sorta di gestione diretta, affidata ad esponenti della burocrazia imperiale. In tal senso, quello di Vi-

[17] Sander 1962, 140 parla di due incarichi paralleli, quello civile e quello militare; lucida analisi della questione in Cerva 2000; Brélaz, Rizakis 2003, 162-164.

[18] Soluzione forse preferibile, se l'*item* della versione latina è stato usato anche nel caso di un altro incarico che non venne svolto contemporaneamente a quello che lo precede nel *cursus*: *promag(ister) / portuum provinc(iae) Siciliae, item promag(ister) fru/menti mancipalis, (...) subprocura/tor provinc(iae) Mauretaniae Tingitanae, item provinc(iae) Belgi/cae.*

[19] Pensano ad un privato Marquardt 1884², 134 n. 2; De Laet 1949, 386 n. 3, per il quale si tratterebbe di un "fermier général des douanes de Sicile", equivalente del *conductor*; De Martino 1979, 446, secondo cui "questo personaggio era stato alla testa di una corporazione che forniva grano al popolo romano"; Cimma 1981, 116-117, ove ulteriore bibliografia. Propendono, invece, per l'ipotesi di un funzionario imperiale Hirschfeld 1905², 140; Rostowzew 1910b, col. 153; Cardinali 1922, 247; Manganaro 1988, 35. Carcopino 1914, 285 lo ritiene amministratore di una *societas publicanorum* "par une délegation de Trajan"; Manganaro 1982, 496. Secondo Finley 2001⁶ (1968), 175, Vibio avrebbe diretto "una corporazione quasi ufficiale incaricata di acquistare grano in Sicilia «per il popolo di Roma»". Più incerti Millar 1977, 622 ("it still remains obscure whether Salutaris was a private contractor or an imperial official") e Rickman 1980, 84.

[20] In tal senso, cfr. già Rostowzew 1902, 425-426 e Rostowzew 1910a, 316-317: Vibius come anello di congiunzione tra l'economia dei pubblicani e la diretta economia imperiale.

[21] Così Caliri 2007, 32-33, che si basa su un'ipotesi di Lo Cascio 1971-72, 77-78.

bius potrebbe essere inteso come un incarico "di transizione", una "tappa" verso il passaggio al sistema di gestione diretta dei proventi dell'agro pubblico e delle imposte provinciali[22].

Non disponiamo di nessun dato che induca a ritenere quelle di Vibius incombenze straordinarie[23] o, piuttosto, incarichi regolarmente assegnati ma di cui egli sarebbe stato l'unico detentore conosciuto per la Sicilia. Il fatto, però, che esistano mansioni di diverso tipo connesse con il *frumentum mancipale* anche in altre province farebbe propendere per una carica forse di durata limitata nel tempo ma che ebbe maggiore importanza nell'età compresa tra i Flavi e gli Antonini.

In effetti, è significativo che queste epigrafi risalgano tutte ad un arco di tempo compreso tra il I e il II sec. d.C.: i Flavi prima, gli "imperatori adottivi" poi hanno posto un'attenzione particolare nei confronti dell'agricoltura, dell'approvvigionamento alimentare e delle distribuzioni cerealicole. Naturalmente il fatto che tutte le testimonianze rientrino in uno stesso arco cronologico potrebbe essere una mera coincidenza, ma è forse possibile offrire una spiegazione un po' più articolata.

3. *Frumentum publicum* o *mancipale*?

Le traduzioni greche della titolatura di Vibius ci dicono che egli era a vario titolo responsabile del grano δήμου Ῥωμαίων: doveva trattarsi, dunque, del frumento di proprietà del popolo romano. Tra l'età dei Flavi e quella dei Severi le testimonianze epigrafiche relative al godimento del privilegio di essere nutriti a vario titolo *frumento publico* si moltiplicarono: i beneficati erano la *plebs* urbana, i *vigiles*, le *puellae alimentariae Faustinianae*[24]. Si tratta di testimonianze significative ma per nulla numerose[25].

Se il *frumentum mancipale* poteva essere tradotto in greco con l'espressione σείτος δήμου Ῥωμαίων, «grano del popolo dei Romani», d'altro canto il frumento egiziano riscosso a titolo di tributo nell'Egitto romano appare nei papiri quale δημόσιος πυρός[26].

Il *frumentum* poteva, dunque, essere *publicum* non solo e non tanto considerando il beneficiario delle distribuzioni cerealicole[27], ma soprattutto tenendo conto di quale fosse il proprietario nominale, ossia il *populus*.

---

[22] *Contra*, cfr. Wilson 1990, 190, a detta del quale sarebbe poco probabile che Vibius fosse "an official of the *praefectus annonae*'s office with general responsability for co-ordinating Sicilian grain supply and its shipment to Rome".

[23] Così Manganaro 1988, 35.

[24] Virlouvet 2009. A p. 49 la studiosa, pur sottolineando che la maggior parte delle testimonianze epigrafiche a noi pervenute risale a quest'arco di tempo, ritiene che la coincidenza non sia causale, ma dovuta al fatto che in questo periodo il funzionamento dell'istituzione frumentaria conobbe la sua piena maturità.

[25] Virlouvet 2009, 43.

[26] Geraci 1994 e 2003.

[27] Nicolet 1991, 124-126.

Un passo, purtroppo corrotto, di un'opera attribuita ad Igino menziona *mancipes* coinvolti nella gestione dell'agro pubblico: *qui superfuerant agri, vectigalibus subiecti sunt, alii per annos <quinos>, alii vero mancipibus ementibus, id est conducentibus in annos centenos, plures vero finito illo tempore iterum veneunt locanturque ita ut vectigalibus est consuetudo... hi agri qui redditi sunt, non obligantur vectigalibus, quoniam scilicet prioribus dominis redditi sunt. Mancipes autem, qui emerunt lege dicta ius vectigalis, ipsi per centurias locaverunt aut vendiderunt proximis quibusque possessoribus*. Anche sulla base di questo passo quasi tutti gli studiosi hanno ritenuto che il *frumentum mancipale* fosse il grano proveniente dall'*ager publicus*[28].

Nel linguaggio burocratico romano, tuttavia, la questione è più complessa: in epoca repubblicana esisteva, ad esempio, il *frumentum decumanum*, che era senz'altro *publicum*, ma così chiamato perché proveniente dalla decima parte del raccolto; si distingueva dal *frumentum emptum* e da quello *aestimatum*, anch'essi ovviamente "pubblici"[29]. D'altro canto, i *mancipes*, come sappiamo sempre dalle *Verrine*, operavano controlli nel caso del *frumentum emptum* e si occupavano di spedirlo a Roma, ma erano anche coinvolti nel trasporto (a mio giudizio, senz'altro quello via mare) del *frumentum ex decumis*[30]. Da questo punto di vista, il frumento pubblico (sia quello *decumanum* sia quello *emptum*) trasportato dai *mancipes* poteva essere definito *frumentum mancipale*. Il funzionario incaricato dallo Stato di svolgere compiti connessi con il *frumentum publicum* venne chiamato pertanto *promagister frumenti mancipalis*; in età imperiale costui si sarà occupato del trasporto o della spedizione del *frumentum publicum* dai porti provinciali al porto di Ostia, come fu il caso di Vibius.

---

[28] Hyg. *cond. agr.* p. 79 (ed. C. Thulin). Tra gli studiosi che sostengono questa tesi ricordo qui solamente: Hirschfeld 1905², 130-140 n. 5; Rostowzew 1910b, col. 153, il quale riteneva che i *mancipes* prendessero in appalto la riscossione degli *stipendia* pagati in natura o, in alternativa, che il *frumentum mancipale* fosse il grano proveniente dai terreni dello Stato; Carcopino 1914, 284; Millar 1977, 622; Sartori 1974, 250; Boulvert 1970, 155 n. 413; Pavis d'Escurac 1976, 184; Millar 1977, 622; Rickman 1980, 84; Salmeri 1984, 18 n. 31; Gabba 1986, 80 (cfr. anche Id. 1982-83, 524); Lo Cascio 1986, 38 n. 30; Manganaro 1988, 35 e 73; Wilson 1988, 211 e Id. 1990, 190, a detta del quale Vibius si sarebbe occupato del grano proveniente dall'*ager publicus* e dai possedimenti imperiali, sebbene questi fossero normalmente appannaggio dei procuratori imperiali; Vera 1996, 45 e Id. 1997-98, 35; De Ligt 2004, 89-90; Van Oyen 2020, 128. Contro l'ipotesi del solo grano prodotto nei possedimenti imperiali vd. invece Nicolet 1991, 124.

[29] Cic. *Verr.* 2.3.12; ma cfr. anche 2.1.11 e 2.3.48. Nicolet 1991, 135.

[30] Trasporto del *frumentum* ex *decumis* o *decumanum*: Cic. *Verr.* 2.3.172: *quid accidit tandem ut horum populorum agri frumentum eius modi te praetore ferrent, quod numquam antea, ut neque tibi neque populo Romano posset probari, praesertim cum ex isdem agris eiusdem anni frumentum ex decumis Romam mancipes advexissent?* (cfr. Cic. *Planc.* 64: *frumenti in summa caritate maximum numerum miseram; negotiatoribus comis, mercatoribus iustus, mancipibus liberalis, sociis abstinens, omnibus eram visus in omni officio diligentissimus*). *Frumentum emptum*: Cic. *Verr.* 2.3.175: *mancipes in istis rebus esse versatos, mancipes frumentum improbasse, mancipes pretio cum civitatibus decidisse, et eosdem abs te illarum civitatum nomine pecunias abstulisse, deinde ipsos sibi frumentum coemisse*. Cfr. Nicolet 1994. Il *manceps* era, di norma, l'aggiudicatario di contratti d'appalto con lo Stato: Malavolta 2002, 179.

A Roma il controllo, la pesatura e la verifica del frumento proveniente dalle province senatorie vennero affidati a schiavi imperiali, i *dispensatores frumenti mancipalis*, che però dai *mancipes*, almeno fino al II sec. d.C., avranno ricevuto in consegna il *frumentum publicum*. Non sappiamo quando la denominazione di *frumentum mancipale* sia stata introdotta, ma le testimonianze a noi pervenute risalgono tutte al I-II sec. d.C.: se, come mi sembra di poter ritenere, una simile concentrazione temporale non è dovuta al caso ma forse al fatto che in questo periodo il funzionamento dell'istituzione frumentaria conobbe la sua piena maturità[31], possiamo supporre che la genesi dell'espressione *frumentum mancipale* e delle figure professionali ad essa connesse risalga alla prima età imperiale. Dunque, se prima il frumento dovuto a titolo di tributo poteva essere distinto in base al tipo di prelievo forzoso cui rimontava (*decumanum*, *emptum* o *aestimatum*, nel caso siciliano, quello meglio conosciuto), in un secondo momento, quando la distinzione in base alla provenienza fiscale non era più necessaria né opportuna, perché il sistema impositivo venne uniformato[32], il frumento che giungeva a Roma prendeva il nome dalle figure professionali incaricate di trasportarlo (almeno nelle province senatorie) o, più di frequente, veniva semplicemente qualificato come *publicum*.

È difficile capire cosa sia successo in seguito, ma il *frumentum mancipale* sembra sparire dalle denominazioni delle cariche statali, che rimarranno connesse al semplice *frumentum*. In alcune province determinate operazioni connesse con il *frumentum publicum* potrebbero essere state assegnate a militari; un eventuale affidamento del trasporto dei cereali a militari non stupisce, se si considera che lo stesso avvenne in Egitto, dove nel I sec. d.C. gli ἐπίπλοοι, incaricati della supervisione del frumento durante il trasporto via fiume, erano tratti dalle file dei militari[33]. L'Egitto, anche in questo caso, costituisce un punto di riferimento utile al confronto, nonostante le differenze terminologiche dovute all'influsso di un passato ricco di secoli e di storia. Si osservi qui, per inciso, che, se per l'Egitto siamo informati dell'esistenza di una pletora di funzionari e incaricati locali dai nomi più disparati – dei quali, comunque, non sempre riusciamo a ricostruire competenze e datazione –, nel caso delle altre province siamo costretti a muoverci ancor più tra fonti di natura e cronologia eterogenee. Alla luce di quanto sappiamo finora, il prefetto del frumento mancipale dell'Africa potrebbe essere stato sia un militare sia un funzionario statale alla stregua del *praefectus annonae*, del *praefectus frumenti dandi*, ecc..., sebbene probabilmente la seconda ipotesi sia più verosimile[34].

Secondo Nicolet, nelle iscrizioni di Vibius Salutaris "l'expression générale σίτος δήμου Ῥωμαίων traduit assez lâchement une expression sûrement plus précise en latin: *mancipale*"[35]. Non credo che sia questione di trascuratezza del

---

[31] Cfr. quanto osservato da Virlouvet 2009, 49: vd. *supra*, n. 24.

[32] Lo Cascio 1986.

[33] Świderek 1969-70; Frösén 1978 e 1980-81; Lewis 1982, p. 28; Geraci 2004, pp. 172-177; Soraci 2021, 109.

[34] Condivido quanto affermato da Brélaz, Rizakis 2003, 164.

[35] Nicolet 1991, 124.

traduttore o dell'estensore del testo: in epigrafi come quelle di Vibius ogni parola aveva il suo significato[36]. Semplicemente, Vibius si stava presentando alla comunità di Efeso, grecofona, per rivolgersi alla quale doveva essere chiaro; trattandosi di un incarico di minore importanza, impiegare un termine che fosse l'esatta traslitterazione o l'equivalente più vicino non avrebbe avuto molto senso e Vibius sceglie di esprimere il significato: l'espressione «appaltatore capo» o «sovrintendente del grano del popolo dei Romani» (ἀρχώνης σείτου δήμου Ῥωμαίων)[37] aveva decisamente un impatto maggiore, in termini di ritorno di immagine, rispetto a qualsiasi altra.

4. Le ragioni della scarsa fortuna di un'ipotesi e il ruolo annonario della Sicilia in età imperiale

Il *frumentum mancipale* sarebbe, dunque, il frumento dovuto a titolo di tributo da alcune province, forse solo senatorie, e prenderebbe il nome dalla categoria di appaltatori cui lo Stato affidava il compito di trasportare i cereali dai centri di produzione a Roma.

Una simile teoria, già in gran parte avanzata da Nicolet, è stata accolta con molte perplessità dalla maggioranza degli studiosi. Generalmente si ritiene, infatti, che in età imperiale sia cessato l'invio di tributi cerealicoli dalla Sicilia e che la provincia abbia inviato a Roma solo il frumento esportato dai commercianti; secondo i più, alla fine del I sec. a.C. sarebbe stata introdotta in Sicilia una modalità di contribuzione fiscale differente rispetto al passato: dal prelievo di una quota in natura, proporzionale al raccolto e messo in atto tra il III e il I sec. a.C., si sarebbe passati in età imperiale all'esazione di imposte fisse e in moneta[38]. Se così fosse, l'espressione *frumentum mancipale* non potrebbe riferirsi al frumento dovuto a titolo di tributo.

Tuttavia, la teoria del mutamento radicale del sistema impositivo romano in Sicilia riposa essenzialmente su due capisaldi, entrambi non così inconfutabili come si è troppo spesso ritenuto: il cosiddetto "silenzio delle fonti", ossia l'assen-

---

[36] Le stesse considerazioni inducono Merola, in questo volume, a ritenere che il termine latino *promagister* abbia un significato "tecnico", un valore formale, ma che nell'ottica greca si guardi all'aspetto sostanziale, facendo leva sulla posizione di superiorità dell'incarico: da qui la scelta di ἀρχώνης.

[37] Scramuzza 1937, 350 lo intende come "superintendent of the tax-grain". Wankel 1979, 225 traduce: «promagister für den Einzug der für das römische Volk bestimmten Getreideabgaben».

[38] Cfr. bibliografia citata in Soraci 2011, 99-115. Naturalmente non è mancata qualche voce contraria: per Cardinali 1922, 296, il *frumentum mancipale* in esse menzionato equivarrebbe, come avrebbe ipotizzato Hirschfeld, al "frumento decumano d'appalto". In realtà, nel passo di Hirschfeld 1870, 69 citato dallo studioso a sostegno di questa interpretazione si ipotizza semplicemente "dass unter *frumentum mancipale* das von den publicani als abgabe gelieferte getraide zu verstehen ist", senza nessuna precisazione sul tipo di imposta versata, se cioè essa sia stata fissa o variabile in base al raccolto; cfr. anche Hirschfeld 1905^2, 139-143.

za di menzioni relative all'invio in età imperiale di grano siciliano a Roma a titolo di tributo, e l'impiego del termine *stipendiarii* con cui Plinio il Vecchio definisce nella sua *Naturalis historia* la maggior parte degli abitanti delle città siciliane.

Per quanto concerne il cosiddetto "silenzio delle fonti", ho già osservato in altra sede che ognuna delle testimonianze addotte in passato come prova dell'interruzione della funzione annonaria dell'isola può essere spiegata diversamente se incastonata nel preciso contesto storico, politico e retorico in cui venne elaborata[39]; d'altro canto, la nostra conoscenza sulle decime e, più in generale, sui tributi esatti dai Romani in Sicilia si basa esclusivamente sull'opera di Livio e sulle *Verrine* ciceroniane[40]: se non le possedessimo, come avviene per le testimonianze sul sistema tributario romano in Sicilia nell'età imperiale, non potremmo dire nulla del sistema impositivo nell'isola in età repubblicana; non a caso la persistenza delle decime è stata messa in discussione già all'indomani della propretura di Verre. Invocare *argumenta e silentio* a sostegno di una teoria appare, pertanto, anche a questo riguardo assolutamente fuorviante.

D'altro canto, neppure l'uso del termine *stipendiarii* in relazione alle popolazioni della Sicilia imperiale può autorizzare a ritenere che il nuovo sistema impositivo abbia previsto l'interruzione degli invii di frumento a titolo di tributo e il versamento a Roma di somme di denaro. Troppo spesso, infatti, il termine *stipendiarii* è stato inteso nel senso di individui soggetti al versamento dello *stipendium* inteso come imposta fissa e in moneta[41]. Invece, come ho avuto modo di dimostrare in più occasioni, nell'opera pliniana il termine non riveste il significato di "città provinciali sottoposte a tributo", distinte da quelle che ne erano esenti, né, tantomeno, denota la soggezione ad un particolare tipo di tributo, lo *stipendium*, ma indica quei centri collocati nel gradino più basso della gerarchia politico-istituzionale dell'impero; nell'opera pliniana la distinzione è operata sulla base dello status istituzionale che legava ogni singolo *oppidum* a Roma, dalla condizione ritenuta più vicina al modello dell'Urbe, quella delle colonie, a quella che più se ne discostava, rappresentata dai popoli 'sottomessi', gli *stipendiarii* appunto. Naturalmente, la scelta di quest'ultimo termine, che doveva rimontare ai documenti ufficiali, aveva il vantaggio di combinare gli aspetti politici (indicando il gradino più basso della gerarchia istituzionale) con quelli fiscali (alludendo in tal modo ai tributi cui queste popolazioni erano soggette, al pari di altri centri privilegiati dal punto di vista istituzionale)[42]. Pertanto, l'uso del termine *stipendiarii* riferito alle popolazioni delle città siciliane non esclude la possibilità che l'isola abbia continuato a inviare grano a Roma a titolo di tributo.

---

[39] SORACI 2011, 98-99 e 115-118.

[40] SORACI 2011, 12-17 e *passim*.

[41] Per il caso siciliano vd. MARQUARDT 1884², 191, che aveva avanzato tale ipotesi con cautela ("wahrscheinlich"), ma che è stato seguito dalla maggioranza degli studiosi, tra cui HOLM 1898, 231; CARCOPINO 1914, 285-290; FINLEY 2001⁶ (1968), 175; PINZONE 2008, 127. In tal senso anche LO CASCIO 2015, 243.

[42] SORACI 2019, 491-493; SORACI 2020.

D'altro canto, un folto numero di testimonianze contribuisce a confermare la produttività dell'isola in età imperiale con particolare riferimento all'ambito cerealicolo[43]: sarebbe oltremodo strano che la principale fornitrice di grano "fiscale" per Roma in età repubblicana abbia cessato di esserlo del tutto in età imperiale e, soprattutto, che l'Urbe abbia accettato di rinunciare a una fonte di approvvigionamento sicura e vicina (*suburbanitas... provinciae*)[44] in tempi in cui carestie, rivolte e imprevisti della traversate dovevano rendere altamente appetibile ogni contributo in termini di rifornimento annonario.

Ancora una volta, Nicolet aveva colto nel segno: "On en a déduit, sans doute trop vite, que le système d'imposition avait été changé"[45]. La Sicilia, quindi, continuò a inviare a Roma grano a titolo di tributo, anche se naturalmente il suo contributo fu ampiamente superato da quello di altre province: all'indomani della conquista dell'Egitto l'isola perse il ruolo di principale fornitrice di grano della città di Roma, quello stesso ruolo che aveva rivestito per secoli, che l'aveva resa celebre e che le aveva meritato l'onore di essere descritta e raffigurata come una terra fertile e generosa; nondimeno, l'interesse nei confronti della sua produzione frumentaria non venne mai meno, neppure quando si ebbe la certezza (comunque relativa) di poter contare su altre fonti di approvvigionamento.

In effetti, la Sicilia non fu solo, com'è stato ipotizzato, un granaio "di riserva"; di certo rifornì Roma in casi di emergenza, "allorché carestie, difficoltà meteorologiche stagionali, aperte o coperte resistenze di alti funzionari africani o scorre-

---

[43] Soraci 2011, 131-197. Mommsen 1885b, 651-652, dal canto suo, riteneva che la Sicilia non avesse perso neppure in epoca imperiale il suo ruolo di fornitrice di grano per Roma, sebbene tale ruolo dovesse essere stato fortemente ridimensionato: "nachdem unter Augustus die ägyptischen Getreidelieferungen eigerichtet waren, rechnete man für den dritten Theil des in Rom verbrauchten Getreides auf Nordafrica und für eben so viel auf Aegypten, während das verödete Sicilien, ferner Sardinien und Baetica nebst der eigenen Production Italiens den übrigen Bedarf deckten". In tal senso si sono pronunciati anche altri studiosi, restii a ritenere valida la teoria della conversione della decima siciliana nello *stipendium*: vd. Brunt 1981, 161-162; Garnsey 1983, 120-121 e Garnsey 1997 (1988), 323-326; Manganaro 1988, 20-21 e 35-38, a detta del quale Augusto avrebbe imposto lo *stipendium* solo ad alcune città; altre, quelle definite da Plinio *oppida*, avrebbero dovuto pagare la decima, mentre invece l'*ager publicus* siciliano avrebbe continuato a fornire a Roma "una certa quantità di frumento per l'annona urbana"; Wilson 1990, 34-35; Vera 1996, secondo cui lo *stipendium* sarebbe stato esatto in un primo momento in natura ed il processo di "emancipazione dell'isola dall'annona di Roma" si sarebbe compiuto solo nel corso del I sec. d.C.; Tarpin 1998, 58-63; Walthall 2017, 737, pur rilevando come "the nature of the surviving evidence is ultimately too fragmentary to inspire much confidence or consensus among scholars", riconosce che un'analisi approfondita e comparativa dei dati provenienti dalle fonti archeologiche (scavi di siti rurali, relitti navali, distribuzione dei prodotti di importazione, ecc...) potrebbe in qualche misura confermare la teoria della mancata conversione delle imposte sulla produzione cerealicola siciliana in tributi monetari.

[44] Cfr. Cic. *Verr.* 2.2.7, che osserva quanto *populo Romano* fosse *iucunda* la *suburbanitas (...) huiusce provinciae.* Sartori 1993; Arcaria 2016.

[45] Nicolet 1991, 136. Negli stessi anni, si esprimeva similmente anche Duncan Jones 1990, 189-190, il quale riteneva che dall'incarico affidato a Vibio non si potesse inferire il passaggio dalla tassazione in natura a quella in denaro.

rie di barbari bloccavano più o meno transitoriamente le importazioni cerealicole oltremarine", in particolare quelle provenienti dall'Africa e dall'Egitto[46].

Ma dalla Sicilia proveniva anche regolarmente una certa quantità di cereali a titolo d'imposta. Da una parte, infatti, giungeva a Roma il grano proveniente dall'*ager publicus* e dalle proprietà imperiali siciliane; dall'altra, quantitativi di frumento prestabiliti e non più variabili in base al raccolto erano forniti dalle varie città, *in primis* quelle i cui abitanti sono detti *stipendiarii*, ma anche dalle colonie e dai municipi, che erano tenuti al versamento dei tributi a meno che non fosse stata accordata loro qualche particolare e/o temporanea esenzione[47]. Nel tardo impero è molto verosimile che tra le terre da cui veniva prelevato il grano destinato all'annona vi fossero almeno i possedimenti imperiali, come dimostra una costituzione del 380 d.C.[48].

5. Conclusioni

Il *frumentum mancipale* è, dunque, il frumento dovuto a titolo di tributo da alcune province[49], tra cui sicuramente la Sicilia, l'Africa e forse la Betica. Apparentemente si tratta di una categoria di frumento riscosso in province solo senatorie ed era così definito in ragione del fatto che spettava ai *mancipes* il compito di trasportare (ma possibilmente anche quello di verificarne la qualità) i cereali dai centri di produzione a Roma.

Non sappiamo quando questa denominazione sia stata introdotta; le testimonianze a noi pervenute risalgono tutte al I-II sec. d.C.: se una simile concentrazione temporale non è dovuta al caso, possiamo supporre che la genesi dell'espressione e delle figure professionali ad essa connesse risalga alla prima età imperiale. Ma le operazioni legate al *frumentum mancipale* non dovettero durare a lungo: l'appalto a compagnie di pubblicani sembra essere caduto in disuso in tutto l'Impero tra la fine del II e il III sec. d.C.; fu sostituito, nel caso del trasporto via mare, dalla messa in atto di contratti con le corporazioni degli armatori, i *navicularii*[50], che avrebbero ricoperto – al più tardi nel IV sec. d.C. e certamente in tutte le province – il ruolo in passato rivestito dai *mancipes*.

---

[46] Ruggini 1997-98, 251. L'immagine della Sicilia quale "granaio di riserva" è stata offerta da diversi studiosi; oltre a Ruggini 1980, 3, ricordiamo: Salmeri 1986, 411; Usala 1992, 374; cfr. anche Gabba 1982-83, 525-526. Sulla crescita d'importanza del commercio privato del grano nei primi due secoli d.C. vd. Casson 1980, 21-33. Circa i cereali siciliani che venivano immessi sul mercato dell'Urbe in epoca imperiale vd. Rickman 1980, 64-65; Ruggini 1980, 3; Panella 1985, 182; Manganaro 1988, 9; Wilson 1990, 189; Gabba 1997-98, 829; Vera 1997-1998, 37-39 e 49-60.

[47] Sul frumento proveniente dalle proprietà imperiali e dagli *agri publici* cfr. Finley 2001[6] (1968), 175-176; Manganaro 1988 (a), 35; Vera 1996, 45; Tarpin 1998, 63. Sulle imposte cui erano soggette le colonie cfr. Soraci 2020, 99-102; cfr. anche Soraci 2023.

[48] Cfr. Soraci 2011, 187-189.

[49] Cfr. ancora Nicolet 1991, 137: "toute contribution provinciale réglée en nature, au titre des revenus de l'*ager publicus*, ou des impôts provinciaux, dont le produit, destiné au peuple romain, devait être convoyé à Rome". Ma vd. già Rostowzew 1910b, col. 153 e Cardinali 1922, 296.

[50] Sui *navicularii* vd. Sirks 1991 e De Salvo 1992, in particolare 209. In merito al progressivo abbandono del ricorso ai pubblicani vd. Cimma 1981, 99-182; *contra*, cfr. Brunt 1990.

Abbreviazioni

CIG = *Corpus Inscriptionum Graecarum*, voll. 1-4, Berlin 1828-1859.

CIL = *Corpus Inscriptionum Latinarum*, Berolini 1863-

CILA = *Corpus de Inscripciones Latinas de Andalucia*, 2.1: J. González Fernández, *La Vega (Hispalis)*, Sevilla 1991.

CIPh = C. Brélaz, *Corpus des Inscriptions grecques et latines de Philippes*, Band 2: *La colonie romaine*, Teil 1: *La vie publique de la colonie*, Athen 2014.

EDCS = *Epigraphik-Datenbank Clauss / Slaby*, http ://www.manfredclauss.de/

EDH = *Epigraphische Datenbank Heidelberg*, https ://www.uni-heidelberg.de/institute/sonst/adw/edh/indexe.html

EDR = *Epigraphic Database Roma*, http ://www.edr-edr.it/default/index.php

EpSG = *Epigraphische Sammlung Graz*, https://gams.uni-graz.at/context:epsg

HEpOL = *Hispania Epigraphica Online Database*, http://eda-bea.es/pub/service_not_available.php

IEphesos = H. Wankel, *Die Inschriften von Ephesos*, Teil 1a, Bonn 1979.

IGRRP = R. Cagnat, Inscriptiones Graecae ad Res Romanas Pertinentes, Paris 1906-1927.

IKios = T. Corsten, *Die Inschriften von Kios*, Bonn 1985.

ILS = *Inscriptiones Latinae Selectae*, ed. H. Dessau, Berlin 1892-1916.

Philippi = P. Pilhofer, *Philippi 2. Katalog der Inschriften von Philippi*, Tübingen 2009².

Bibliografia

Andreu Pintado J., 2010, *Un* dispensator publicus *en territorio vascón. A propósito de* AE, *1971, 199 de Eslava (Navarra)*, in *Classica Boliviana*. Actas del V Encuentro Boliviano de Estudios Clásicos, Cochabamba, 177-190.

Arcaria F., 2016, *La Sicilia romana tra realtà geografica 'insulare' e finzione giuridica 'continentale'*, «LR», 5, 167-210.

Arces P., 2013, *Studi sul disporre* mortis causa. *Dall'età decemvirale al diritto classico*, Milano.

Bivona L., 1987, *Un nuovo* quaestor p(rovinciae) S(iciliae) *e* curator r.p. *di Lilibeo: L. Cassius Manilianus c.v.*, «Kokalos», 33, 11-23.

Boulvert G., 1970, *Ésclaves et affranchis impériaux sous le Haut-Empire romain. Rôle politique et administratif*, Napoli.

Boulvert G., 1974, *Domestique et fonctionnaire sous le Haut-Empire romain. La condition de l'affranchi et de l'esclave du Prince*, Paris.

Brélaz C., Rizakis A., 2003, *Le fonctionnement des institutions et le déroulement des carrières dans la colonie de Philippe*, «CCG», 14, 155-165.

Brunt P.A., 1981, *The revenues of Rome*, «JRS», 71, 161-172 (poi in Id., *Roman imperial themes*, Oxford 1990, 324-346).

Brunt P.A., 1990, *Publicans in the Principate*, in Id., *Roman Imperial Themes*, Oxford, 354-432.

Caliri E., 2007, *Il patrimonio imperiale in Sicilia*, in C. Micciché, S. Modeo, L. Santagati (edd.), *La Sicilia romana tra Repubblica e Alto Impero*. Atti del convegno di Studi (Caltanissetta, 20-21 maggio 2006), Caltanissetta, 27-41.

Carcopino J., 1914, *La loi de Hiéron et les Romains*, Paris.

Cardinali G., 1922, s.v. *frumentatio*, in E. De Ruggiero (ed.), *Dizionario epigrafico di antichità romane*, III, 225-315.

Casson L., 1980, *The role of the state in Rome's grain trade*, «MAAR», 36, Roma, 21-33.

Cerva M., 2000, *La* praefectura fabrum. *Un'introduzione*, in M. Cébeillac-Gervasoni (ed.), *Les élites municipales de l'Italie péninsulaire de la mort de César à la mort de Domitien entre continuité et rupture. Classes sociales dirigeantes et pouvoir central*, Roma, 177-196.

Cimma M.R., 1981, *Ricerche sulle società di publicani*, Milano.

Cuvigny H., 2016, *Un type méconnu de document administratif militaire. La demande de versement de* frumentum praeteritum *(*O. Claud. *inv. 7235 et* ChLA *XVIII 662)*, in T. Derda, A. Łaitar, J. Urbanik (edd.), *Proceedings of the 27th International Congress of Papyrology* (Warsaw, 29 July- 3 August 2013), II: *Subliterary papyri, documentary papyri, scribal practices, linguistic matters*, Warsaw, 931-941.

De Laet S.J., 1949, Portorium. *Étude sur l'organisation douanière chez les Romains, surtout à l'époque du Haut Empire*, Bruges.

De Ligt L., 2004, *Direct taxation in western Asia Minor under the Roman rule*, in E.A. Hemelrijk, H.W. Singor (edd.), *Roman Rule and Civic Life: Local and Regional Perspectives.* Proceedings of the Fourth Workshop of the International Network Impact of Empire (Roman Empire, c. 200 B.C. - A.D. 476) (Leiden, June 25-28, 2003), Leiden.

De Martino F., 1979, *Storia economica di Roma antica*, I-II, Firenze.

De Salvo L., 1992, *Economia privata e pubblici servizi nell'impero romano. I* corpora naviculariorum, Messina.

Di Stefano Manzella I., 1995, Index inscriptionum Musei Vaticani *1.* Ambulacrum Iulianum, sive 'Galleria Lapidaria', collana Inscriptiones Sanctae Sedis 1, Romae.

Duncan-Jones R., 1990, *Structure and scale in the Roman economy*, Cambridge.

Elsner J., 2007, *Roman eyes: visuality & subjectivity in art & text*, Princeton.

Finley M.I., 2001[6] (1968), *Storia della Sicilia antica*, trad. it., Roma-Bari.

Frösén J., 1978, *Le transport du blé et le role des EPIPAOOI*, «ARCTOS», 12, 5-17.

Frösén J., 1980-81, *Chi è il responsabile? Il trasporto del grano nell'Egitto greco e romano*, «AFLPer», 18, 163-176.

Gabba E., 1982-83, *La Sicilia nel III-IV sec. d.C.*, «Kokalos», 28-29, 516-529.

Gabba E., 1986, *La Sicilia romana*, in M. Crawford (ed.), *L'impero romano e le strutture economiche e sociali delle province*, Como, 71-85 (poi in Id., *Del buon uso della ricchezza. Saggi di storia economica e sociale del mondo antico*, Milano 1988, 163-177).

Gabba E., 1997-98, *Considerazioni conclusive*, «Kokalos», 43-44, I, 2, 827-831.

Garnsey P., 1983, *Grain for Rome*, in *Trade in ancient economy*, P. Garnsey, K. Hopkins, C.R. Whittaker (edd.), London, 118-130.

Garnsey P., 1997 (1988), *Carestia nel mondo antico. Risposte al rischio e alla crisi*, Firenze.

Geraci G., 1994, *L'Egitto provincia frumentaria*, in *Le ravitaillement en blé de Rome et des centres urbains des débuts de la République jusqu'au Haut Empire.* Actes du colloque international organisé par le Centre Jean Bérard et l'URA 994 du CNRS (Naples, 14-16 février 1991), Naples-Rome, 279-293.

GERACI G., 2003, *Alessandria, l'Egitto e il rifornimento frumentario di Roma in età repubblicana e imperiale*, in B. Marin, C. Virlouvet (edd.), *Nourrir les cités de Méditerranée. Antiquité – Temps modernes*, Paris, 625-690.

GERACI G., 2004, Mensura, pondus *e* probatio *di stato nel rifornimento granario di Roma imperiale (e Costantinopoli)*, in F. Elia (ed.), *Politica, retorica e simbolismo del primato: Roma e Costantinopoli (secoli IV-VII)*. Omaggio a R. Soraci, II, Catania, 155-181.

GONZÁLEZ FERNÁNDEZ J., 1991, *Corpus de Inscripciones Latinas de Andalucia*, 2.1: J. GONZÁLEZ FERNÁNDEZ, *La Vega (Hispalis)*, Sevilla.

GONZÁLES FERNÁNDEZ J., 2017, *La presencia de magistrados imperiales y subalternos en la epigrafia de Hispalis Colonia Romulea*, in M. Campos Carrasco, J. Bermejo Meléndez (edd.), *Los puertos atlánticos béticos y lusitanos y su relación comercial con el Mediterráneo*, Roma, 287-305.

HIRSCHFELD O., 1870, *Die Getraideverwaltung in der römischen Kaiserzeit*, «Philologus», XXIX, 1-96.

HIRSCHFELD O., 1905², *Die kaiserlichen Verwaltungsbeamten bis auf Diocletian*, Berlin.

HOLM A., 1898, *Geschichte Siziliens im Alterthum*, III, Leipzig.

KOKKINIA C., 2017-18, *A Roman financier's version of euergetism: C. Vibius Salutaris and Ephesos*, «Τεκμήρια», 14, 215-252.

ILARDI K., 2000, *Aggiunte e correzioni al CIL, VI. Revisioni nella Galleria Lapidaria (Settori 25, 27, 35)*, «Bollettino dei monumenti, musei e gallerie pontificie», 20, 107-122.

LEWIS N., 1982, *The compulsory public services of Roman Egypt*, (*Papyrologica florentina*, XI), Firenze (II edizione 1997).

LO CASCIO E., 1971-72, Patrimonium, ratio privata, res privata, «Annali dell'Istituto Italiano per gli Studi Storici», 3, 55-121.

LO CASCIO E., 1986, *La struttura fiscale dell'impero romano*, in M. Crawford (ed.), *L'impero romano e le strutture economiche e sociali delle province*, Como, 29-59 (ora in Id., *Il* princeps *e il suo impero. Studi di storia amministrativa e finanziaria romana*, Bari 2000, 177-203).

LO CASCIO E., 2015, *Recensione* a C. SORACI, Sicilia frumentaria. *Il grano siciliano e l'annona di Roma*, V a.C.-V d.C., Roma 2011, «Ivra», 63, 239-243.

MALAVOLTA M., 2002, Manceps *nella documentazione epigrafica dalla prima età imperiale alla tarda antichità*, «Studi sull'Oriente cristiano», 6/1, 177-202.

MANGANARO G., 1982, *Die Villa von Piazza Armerina, Residenz des kaiserlichen Prokurators, und ein mit ihr verbundenes Emporium von Henna*, in *Palast und Hütte. Beiträge zum Bauen und Wohnen im Altertum*. Tagungsbeiträge eines Symposiums der Alexander von Humboldt-Stiftung Bonn-Bad Godesberg veranstaltet vom 25.-30. November 1979 in Berlin, Mainz am Rhein, 493-513.

MANGANARO G., 1988, *La Sicilia da Sesto Pompeo a Diocleziano*, in *ANRW*, II, 11, 1, Berlin-New York, 3-89.

MARQUARDT J., 1884², *Römische Staatsverwaltung* II: *Das Finanzwesen* (=*Handbuch der römischen Alterthümer von Joachim Marquardt und Theodor Mommsen*, V), Lepizig.

MILLAR F., 1977, *The emperor in the Roman world (31 BC - AD 337)*, London.

MOMMSEN Th., 1885b, *Römische Geschichte*, V: *Die Provinzen von Caesar bis Diocletian*, Berlin.

NICOLET C., 1991, Frumentum mancipale*: en Sicile et ailleurs*, in *Nourrir la plèbe*. Actes du colloque de Genève en hommage à D. van Berchem [28-29 IX 1989], Basel-Kassel, 119-141.

NICOLET C., 1994, *Dîmes de Sicile, d'Asie et d'ailleurs*, in *Le ravitaillement en blé de Rome et des centres urbains des débuts de la République jusqu'au Haut Empire.* Actes du colloque international organisé par le Centre Jean Bérard et l'URA 994 du CNRS (Naples, 14-16 février 1991), Naples-Rome, 221-226.

PANELLA C., 1985, *I commerci di Roma e di Ostia in età imperiale (secoli I-III): le derrate alimentari*, in R. Bussi, V. Vandelli (edd.), *Misurare la terra: centuriazione e coloni nel mondo romano. Città, agricoltura, commercio: materiali da Roma e dal suburbio*, Roma, 180-189.

PAVIS D'ESCURAC H., 1976, *La préfecture de l'annone, service administratif imperial d'Auguste à Costantin*, Rome.

PINZONE A., 2008, *Città libere e città stipendiarie nella Sicilia romana: alcune riflessioni*, «MediterrAnt», 11, 1-2, 115-129.

RICKMAN G., 1980, *The corn supply of ancient Rome*, Oxford.

ROSTOWZEW M., 1902, *Geschichte der Staatspacht in der römischen Kaiserzeit bis Diokletian*, Leipzig.

ROSTOWZEW M., 1910a, *Studien zur Geschichte des römischen Kolonates*, Leipzig-Berlin.

ROSTOWZEW M., 1910b, s.v. *Frumentum*, in *RE*, vol. VII_1, coll. 126-187.

RUGGINI CRACCO L., 1980, *La Sicilia tra Roma e Bisanzio*, in *Storia della Sicilia*, III, Napoli, 3-96.

RUGGINI CRACCO L., 1997-98, *La Sicilia tardoantica e l'Oriente mediterraneo*, «Kokalos», 43-44, I, 1, 243-269.

SALIDO DOMÍNGUEZ J., 2013, *El abastecimiento de grano a las ciudades hispanorromanas. Producción, almacenaje y gestión*, «Archivo Español de Arqueología», 86, 131-148.

SALMERI G., 1986, *Sui rapporti tra Sicilia ed Africa in età romana repubblicana ed imperiale*, in A. Mastino (ed.), *L'Africa romana.* Atti del III convegno di studio (Sassari, 13-15 dicembre 1985), Sassari, 397-412.

SALMERI G., 1984, *Un* magister ovium *di Domizia Longina in Sicilia*, «ASNP», 14, 13-23.

SANDER E., 1962, *Der* praefectus fabrum *und die Legionsfabriken*, «Bonner Jahrbücher», 162, 139-161.

SARTORI F., 1974, *Le condizioni giuridiche del suolo in Sicilia*, in Atti del Convegno Internazionale sul tema: *I diritti locali nelle province romane con particolare riguardo alle condizioni giuridiche del suolo* (Roma, 26-28 ottobre 1971), Roma, 225-252.

SARTORI F., 1993, *'Suburbanitas Siciliae'*, in Id., *Dall' 'Italía' all'Italia*, I, Padova, 581-592 (già in *Festschrift für Robert Muth zum 65. Geburtstag am 1. Januar 1981*, Innsbruck 1983, 415-423).

SCRAMUZZA V.M., 1937, *Roman Sicily*, in *ESAR*, III, Baltimore, 225-377.

SIRKS B., 1991, *Food for Rome. The legal structures of the transportation and processing of supplies for the imperial distributions in Rome and Costantinople*, Amsterdam.

SOKOLICEK A., 2019, *The Magnesian gate of Ephesos*, in D.N. Schowalter, S. Ladstätter, S.J. Friesen, C. Thomas (edd.), *Religion in Ephesos reconsidered: archaeology of spaces, structures, and objects*, Leiden, 108-122.

SOLIN H., 1982, *Die griechischen Personennamen in Rom. Ein Namenbuch*, I-III, Berlin-New York.

SORACI C., 2011, Sicilia frumentaria. *Il grano siciliano e l'annona di Roma (V a.C.-V d.C.)*, Roma.

SORACI C., 2019, *L'assetto istituzionale delle città siciliane dall'età augustea al III sec. d.C. Strategie di subordinazione e integrazione politica*, in N. Andrade, C. Marcaccini,

G. Marconi, D. Violante (edd.), *Ancient cities*, 1: *Roman imperial cities in the East and in Central-Southern Italy*. Atti del convegno internazionale "La città romana imperiale" (3-9 giugno 2017), Roma, 479-500.

Soraci C., 2020, *Il lessico della sottomissione. Studi sul termine* stipendiarius, Roma.

Soraci C., 2021, *Lavorare viaggiando: i trasportatori del grano statale nell'Egitto romano*, in M. Albana, G. Arena, E. Frasca, C. Recca, C. Soraci (edd.), *Viaggiare nel Mediterraneo fra antico e moderno*. Atti del convegno internazionale (Catania, 4-6 ottobre 2021), Bari, 101-117.

Soraci C., 2023, *Natura e benefici del* ius Italicum, in E. Garcia Fernandez, E. Melchor Gil, Simone Sisani (edd.), *Le strutture locali dell'Occidente romano*. Atti del I seminario Italo-Spagnolo *Diuturna Civitas* (L'Aqula, 4-6 maggio 2022), Roma, 315-346.

Świderek A., 1969-70, *The responsability in corn-transport to Alexandria:* σιτολόγοι, ἐπίπλοοι, δειγματοκαταγωγεύς *(P. Berol. inv. 1419 and 7441)*, «Eos», 58, 63-66.

Tarpin M., 1998, *L'Italie, la Sicile et la Sardaigne*, in C. Lepelley (ed.), *Rome et l'integration de l'empire*, II, Paris, 5-70.

Usala M., 1992, *A proposito dell'*H.A. Gall. *IV 9*, «Kokalos», 38, 365-375.

Van Oyen A., 2020, *The socio-economics of Roman storage. Agriculture, trade and family*, Cambridge.

Vera D., 1996, *Augusto, Plinio il Vecchio e la Sicilia in età imperiale. A proposito di recenti scoperte epigrafiche e archeologiche ad Agrigento*, «Kokalos», 42, 31-58.

Vera D., 1997-98, *Fra Egitto ed Africa, fra Roma e Costantinopoli, fra annona e commercio: La Sicilia nel Mediterraneo tardoantico*, «Kokalos», XLIII-XLIV, I, 1, 33-73.

Virlouvet C., 2009, *La plèbe frumentaire dans les témoignages épigraphiques. Essai d'histoire sociale et administrative du peuple de Rome antique*, Roma.

Walthall A., 2017, *Recensione* a C. Soraci, Sicilia frumentaria. *Il grano siciliano e l'annona di Roma*, V a.C.-V d.C., Roma 2011, «Klio», 63/2, 734-737.

Wankel H., 1979, *Die Inschriften von Ephesos*, Teil 1a, Bonn.

Wilson R.J.A., 1988, *Trade and industry in Sicily during the Roman Empire*, in *ANRW*, II, 11, 1, Berlin-New York, 207-305.

Wilson R.J.A., 1990, *Sicily under the Roman empire: the archaeology of a Roman province, 36 B.C.-A.D. 535*, Warminster.

Wood J.T., 1877, *Discoveries at Ephesos. Including the site and remains of the great temple of Diana*, London.

GIOVANNA DANIELA MEROLA

Il ruolo dell'*ἀρχώνης* / *pro magistro* nell'organizzazione tributaria romana: le testimonianze epigrafiche

DOI: 10.48255/9788891332813.05

Il contributo delle fonti epigrafiche alla conoscenza della fiscalità romana è determinante[1]. Fin dalla sua prima pubblicazione, ad esempio, la *lex portus Asiae*[2] ha rappresentato un documento imprescindibile per studiare la gestione delle imposte nelle province di Roma. Una testimonianza straordinaria per ampiezza e ricchezza di contenuto, ma per fortuna non isolata. Nell'area asiana (più precisamente nelle province romane d'Asia e di Licia), infatti, sono state trovate diverse iscrizioni con disposizioni doganali (come la *lex portorii Lyciae* rinvenuta ad Andriake, il cd. regolamento di Cauno e l'iscrizione di Myra)[3].

Tutti questi documenti, sicuramente, concorrono a colmare una lacuna, o per meglio dire a completare una visione parziale, quella cioè ricavata dalle fonti di tradizione manoscritta.

La breve descrizione fornita da Polibio nel VI libro delle sue *Storie*[4] appare, infatti, quasi un *unicum* per ricostruire la struttura della *societas publicanorum*[5].

---

[1] Cfr. Eck 2020.

[2] L'iscrizione è stata pubblicata nel 1989 da Engelmann – Knibbe 1989; nel 2008 il documento è stato riedito ad opera di un'équipe internazionale: Cottier, Crawford, Crowther, Ferrary, Levick, Salomies, Wörrle 2008; su cui si vedano le recensioni di Merola 2010; Raggi 2012; Nörr 2013.

[3] Merola 2013.

[4] Polyb. 6, 17, 2-4: πολλῶν γὰρ ἔργων ὄντων τῶν ἐκδιδομένων ὑπὸ τῶν τιμητῶν διὰ πάσης Ἰταλίας εἰς τὰς ἐπισκευὰς καὶ κατασκευὰς τῶν δημοσίων, ἅ τις οὐκ ἂν ἐξαριθμήσαιτο ῥᾳδίως, πολλῶν δὲ ποταμῶν, λιμένων, κηπίων, μετάλλων, χώρας, συλλήβδην ὅσα πέπτωκεν ὑπὸ τὴν Ῥωμαίων δυναστείαν, πάντα χειρίζεσθαι συμβαίνει τὰ προειρημένα διὰ τοῦ πλήθους, καὶ σχεδὸν ὡς ἔπος εἰπεῖν πάντας ἐνδεδέσθαι ταῖς ὠναῖς καὶ ταῖς ἐργασίαις ταῖς ἐκ τούτων· οἱ μὲν γὰρ ἀγοράζουσι παρὰ τῶν τιμητῶν αὐτοὶ τὰς ἐκδόσεις, οἱ δὲ κοινωνοῦσι τούτοις, οἱ δ'ἐγγυῶνται τοὺς ἠγορακότας, οἱ δὲ τὰς οὐσίας διδόασι περὶ τούτων εἰς τὸ δημόσιον.

[5] Oltre che nel commento di Walbank 1957, 692-694, tale passo è oggetto di discussione piú o meno ampia in tutte le trattazioni generali sulle *societates publicanorum*; in particolare è al centro

Lo storico individua quattro categorie di persone che sono coinvolte negli appalti e nei profitti che ne derivano: coloro che assumono l'appalto dai censori, i *socii*, i garanti e un quarto gruppo di individui, definiti in modo piuttosto oscuro come «coloro che danno le proprie sostanze per questi alla cassa pubblica (erario)»[6].

Poche notizie abbiamo, però, su come i pubblicani operassero sul territorio. Cicerone e gli altri autori antichi che dedicano spazio al tema, infatti, sono interessati al peso politico e sociale del ceto equestre, forniscono soprattutto notizie sullo sfruttamento dei provinciali da parte dei pubblicani e riferiscono di episodi di complicità o opposizione con le autorità locali.

La situazione non migliora con il principato, quando profonde trasformazioni intervengono nella gestione delle imposte e le nostre informazioni sono drasticamente ridotte (solo parzialmente compensate dai testi giuridici).

Per questo motivo diventa indispensabile il ricorso alle fonti documentarie.

In diverse circostanze ho avuto modo di occuparmi dell'apporto che la *lex portus Asiae* e le altre leggi doganali epigrafiche danno alla conoscenza dei pubblicani e della loro organizzazione interna. Nella legge doganale d'Asia ricorrono due termini (oltre a diverse perifrasi) per indicare «il pubblicano», δημοσιώνης e τελώνης[7], usati apparentemente con lo stesso valore. Il primo, δημοσιώνης, rende in modo letterale il latino *publicanus* ed entra nel vocabolario greco solo con la conquista romana del mondo ellenofono, affiancando τελώνης con analogo significato di «esattore» d'imposte.

Oltre ad individuare il doganiere che in provincia si occupava della riscossione della *XXXX portus Asiae*, nell'iscrizione efesina il termine δημοσιώνης è usato anche per indicare colui che ha acquistato l'appalto dell'imposta dal popolo romano, in latino si potrebbe rendere con *manceps*[8]: ὁ δ]ημοσιώνης ὁ παρὰ τοῦ δήμου τὴν τῶν τελῶν ἀνάπραξιν ἐργολαβήσας (l. 100)[9].

Con lo stesso significato di *manceps* (cioè per individuare chi ha assunto l'appalto) troviamo usate ripetutamente nel testo efesino altre circonlocuzioni analo-

---

del contributo di Nicolet 1971. Si veda anche Ørsted 1985, 62-69, in part. 67 nt. 17. Ho già avuto modo di analizzare il testo polibiano in Merola 2006.

[6] Sul significato di quest'ultima categoria le ipotesi fatte sono particolarmente numerose: sub-garanti, *participes*, *adfines*, sottoscrittori di prestiti pubblici: cfr. Nicolet 1971, 164-169; Cimma 1981, 54-55.

[7] Merola 2004. Più di recente, nel Convegno "*Il lessico greco dell'amministrazione romana. Casi di studio e problematiche*" (Pisa, 24-25 novembre 2022) organizzato da Andrea Raggi, ho analizzato il diverso modo di rendere il termine 'pubblicano' nelle fonti greche, nel tentativo di individuare così i diversi 'agenti' della fiscalità romana in provincia. Gli Atti sono in corso di stampa (Merola c.d.s.).

[8] Il *publicanus* che partecipava all'asta e «acquistava» (o «locava») dal magistrato romano l'appalto per la riscossione delle imposte, per la costruzione, riparazione o manutenzione di opere pubbliche, nonché per la fornitura di altri servizi, era detto *manceps* (o *redemptor*) Fest. s.v. *manceps*, p. 137 L.; Pseudo Asconio, *ad Cic. Div. in Q. Caec.* 33, p. 196 St. Sul *manceps* si vd. Steinwenter 1928; Arias Bonet 1948/1949, 255-259; Cimma 1981, 55-69; Mateo 1999, 25-31; Malavolta 2002.

[9] Si vd. anche ll. 102 e 110.

ghe, senza però δημοσιώνης[10]: ὃς ἂν παρὰ τοῦ δήμου τὴν τελωνίαν μισθώσηται (l. 105); ὃς ἂν ταύτην τὴν δημοσιωνίαν μισθώσηται (l. 138)[11]. Al *manceps* allude anche la perifrasi ὁ τὸ τέλος ἐξηγορακὼς presente a l. 29 del testo[12].

Alla l. 113 dell'iscrizione, inoltre, il δημοσιώνης si vede riconosciuta la possibilità di stabilire una *pactio* con i contribuenti, attività propria del *pro magistro* (o *promagister*)[13].

Si delinea così un quadro decisamente articolato dell'organizzazione tributaria in provincia, molto più vario di quanto la limitata scelta lessicale lasciasse intravedere[14].

Tuttavia esistono anche altre epigrafi, più brevi e dal contenuto meno 'dirompente', che possono contribuire a ricostruire il quadro della fiscalità della stessa area, aggiungendo piccoli tasselli, facendoci conoscere alcuni protagonisti. Sono testimonianze meno articolate, ma non meno utili, su personaggi che operano nelle province orientali per la riscossione delle imposte. In queste pagine mi propongo di esaminare alcuni individui, sicuramente attivi in ambito tributario con posizione di vertice, che nella documentazione epigrafica hanno il titolo di ἀρχώνης.

Il termine ἀρχώνης non compare nella legge doganale d'Asia, né in quella di Licia, ma è attestato da altre iscrizioni provenienti dalla stessa area, spesso connesse proprio alla riscossione del *portorium*. Questo particolare non va trascurato, perché può trovare spiegazione non solo nel diverso livello cronologico, ma anche nella diversa prospettiva dei documenti che stiamo esaminando.

L'ἀρχώνης è in genere identificato come il 'capo degli appaltatori di imposta'. Già l'etimologia del termine suggerisce questa interpretazione: dal tema ἀρχ- di ἄρχω, «comandare», e dal suffisso -ώνης derivato dal verbo ὠνέωμαι[15]. La presen-

---

[10] Tra l'altro alle ll. 29, 105, 108, 124, 127, 136, 138, 140, 144, 149.

[11] Nei due esempi appena riportati si nota la perfetta sinonimia tra τελωνίαν e δημοσιωνίαν.

[12] Cimma 1981, 114: «il contratto tra Stato e appaltatori, definito originariamente come *emptio-venditio*, si venne in seguito configurando con sempre maggiore precisione come *locatio-condutio*». In effetti nel *Monumentum Ephesenum* per indicare chi ha assunto l'appalto si usa tanto il verbo ἐξαγοράζω, quanto μισθόω, oltre ad ἐργολαβέω, ma senza alcuna differenza cronologica; cfr. Spagnuolo Vigorita 1997, 182.

[13] La forma *pro magistro* ricorre nelle fonti letterarie (vd. *infra*); nelle iscrizioni il termine compare per lo più abbreviato.

[14] La stessa compresenza di δημοσιώνης e τελώνης è nella cd. Tariffa di Palmira (dove ritengo rifletta diversi livelli cronologici) e soprattutto è attestata nella *lex portorii Lyciae* (Takmer 2007), di età neroniana, che (come la legge doganale d'Asia) è traduzione in greco di un originario testo latino. Nell'epigrafe trovata ad Andriake, sicuramente, l'alternanza non trova la sua giustificazione nella diversa epoca o nel diverso artefice della traduzione (il testo non ha una struttura stratificata come l'iscrizione efesina). A questo punto, esclusa la pura casualità nella preferenza per un termine o per l'altro, la spiegazione non può che essere data dall'originale latino. Per una trattazione più approfondita di questi documenti e di altri testi in cui ricorrono i termini δημοσιώνης e τελώνης si rinvia a Merola c.d.s.

[15] Il verbo ὠνέωμαι ha in attico il senso generico di «acquistare»; in specifici contesti assume il valore di «prendere in appalto», in quanto la riscossione delle imposte (ma anche la realizzazione di altre opere di interesse pubblico) era aggiudicata all'asta e dunque acquistata dal miglior offerente.

za del tema ἀρχ- qualifica l'ἀρχώνης non come un qualunque pubblicano, ma come il capo degli appaltatori, un'idea di preminenza, che è sottolineata anche dai lessicografi[16].

Le attestazioni del termine sono quasi esclusivamente di provenienza epigrafica e papirologica. L'unica citazione di ἀρχώνης nelle fonti letterarie ci viene da Andocide, nell'orazione *Sui Misteri*[17]. Il contesto è molto interessante per comprendere il significato del termine. L'oratore ateniese si sta difendendo dall'accusa di empietà rivoltagli nel 399 per aver assistito ai misteri eleusini nonostante l'*atimia* che gli era stata inflitta nel 415, perché coinvolto nello scandalo della mutilazione delle Erme. Nel respingere le accuse, rivendica il merito di aver impedito ad Agirrio, uno degli accusatori, e ai suoi soci di impadronirsi del denaro della città. Agirrio viene presentato come ἀρχώνης τῆς πεντηκοστῆς (§ 133), «capo degli appaltatori della quinquagesima», un'imposta del 2% sui prodotti importati ed esportati dal Pireo; era quindi alla testa di un gruppo di appaltatori (μετέσχον δ'αὐτῷ) accordatisi per evitare ogni rilancio all'asta di aggiudicazione della quinquagesima e mantenere il prezzo a trenta talenti come nei due anni precedenti. Contro il tentativo di Agirrio di monopolizzare l'esazione dell'imposta, Andocide aveva partecipato all'asta e aveva vinto l'appalto, facendo guadagnare alle casse della città 36 talenti[18].

L'ἀρχώνης è, dunque, nel racconto di Andocide, colui che contrae con la comunità personalmente e poi gestisce l'appalto con dei soci[19] (come in ambito romano farà poi il *manceps*). Ad Atene l'appalto della quinquagesima (come di altre imposte) era annualmente messo all'asta e il miglior offerente (a quanto sembra dalla testimonianza di Andocide alla testa di un gruppo) si aggiudicava l'appalto, presentava garanzie reali e personali, riscuoteva l'imposta e poi versava il dovuto alle casse cittadine (§ 134: καταστήσας ὑμῖν ἐγγυητὰς ἐξέλεξα τὰ χρήματα καὶ κατέβαλον τῇ πόλει).

Nella accezione di «capo degli appaltatori» il sostantivo ἀρχώνης compare più volte anche in un celebre papiro di età ellenistica, *Papyrus Revenue Laws*[20]

I sostantivi composti con il suffisso -ώνης sono numerosi e individuano o mercanti o appaltatori di imposte (come nel caso che stiamo esaminando): Chantraine 1968, 1302.

[16] Hsch., 7602 (Schmidt), s.v. ἀρχώνης: ὁ προηγούμενος (Latte, 7599: ὁ προηγούμενος <ὠνῆς> [ἀρχολαβών ἢ] ἐργολαβῶν); *EM*, 151.19 e *Lex.Seguer.*, 202.27, s.v. ἀρχώνης: ὁ ἄρχων ὠνῆς οὑτινοσοῦν.

[17] Al § 133: ἀρχώνης è in effetti una correzione di ἄρχων εἷς della tradizione manoscritta, concordemente accolta nelle edizioni moderne.

[18] Cfr. Boeckh 1886[3], trad. ingl. 315-318; Migeotte 2002, trad. it. 52.

[19] L'offerta è fatta dal solo Agirrio (ἐπρίατο τριάκοντα ταλάντων), ma il profitto è di tutti gli associati (§ 134: κερδήναντες δὲ ἓξ τάλαντα). Del resto anche Andocide appare come il portavoce di un gruppo (§ 134: οἱ μετασχόντες) che ha fatto un'offerta equa riuscendo a trarre perfino un piccolo guadagno dall'affare. Sul ruolo dell'ἀρχώνης cfr. Rostovzev 1902, 334, 338, 368.

[20] Pubblicato da Grenfell 1896, è stato riedito da Bingen nel 1952 ed è tra le fonti più usate per ricostruire l'economia dei Lagidi: cfr. Préaux 1939. Per le occorrenze di ἀρχώνης nelle fonti papiracee cfr. *Neues Fachwörterbuch Online*, s.v. ἀρχώνης, ὁ [*https://www.organapapyrologica.net/receive/PapyrusPortal_dictionary_00001329*].

del 259/8 a.C.[21]. In particolare nel documento ricorrono locuzioni: ὁ ἠξορακὼς τὴν ὠνήν / ὁ ἔχων τὴν ὠνήν / ἀρχώνης, in modo del tutto interscambiabile, a qualificare chi partecipa all'asta e si aggiudica l'appalto (in latino appunto il *manceps*)[22]. La documentazione papirologica egiziana conosce l'esistenza sia di appaltatori singoli che di compagnie[23]. Certamente ἀρχώνης non individuava un semplice appaltatore, ma (al pari di quanto visto per l'Atene di Andocide) qualificava il «capo» di un gruppo, come si ricava tra l'altro dalla insistita connessione (e distinzione), anche in *Papyrus Revenue Laws*, con i *socii*, denominati κοινῶνες o μέτοχοι[24].

Per quanto riguarda la documentazione epigrafica, un ἀρχώνης con i suoi soci (μέτοιχοι = μέτοχοι) è attestato in un'iscrizione da Cizico (I a.C.?). Pubblicata da

---

[21] Si compone di 107 colonne; si tratta in realtà di due rotoli acquistati in circostanze diverse ma sicuramente connessi, che ci fanno conoscere sette o otto documenti, in origine indipendenti (scritti da mani diverse), dei «cahiers des charges» (Bingen 1978, 8) che sono stati raccolti per uso amministrativo o privato.

[22] Il termine ἀρχώνης compare alle colonne 10, 5; 11, 11; 13, 4 e 7; 14, 2 e 9-10, cioè nella prima parte (col. 1-22), che conserva il regolamento relativo all'appalto delle imposte in denaro, e in particolare nella prima metà di questo *nomos* (col. 1-15), in cui si analizza la costituzione delle società appaltatrici. In effetti in nessuno di questi casi la parola è conservata nella sua interezza, le parziali integrazioni tuttavia non creano alcun dubbio (in genere si tratta di poche lettere) anche alla luce degli altri passi in cui il sostantivo è fuor di lacuna e in locuzioni analoghe alle precedenti, cioè col. 34, 15 e 18. La colonna 34 appartiene al *nomos* che disciplina l'ἀπόμοιρα (col. 23-36) e proprio tali attestazioni assumono una grande importanza per capire il valore di ἀρχώνης; si legge infatti a partire da col. 34, 9: «Quando tutti i frutti dell'appalto siano stati venduti, l'*oikonomos*, avendo fatto venire colui che ha acquistato l'appalto e i suoi soci e l'*antigrapheus*, deve fare i conti con colui che ha preso l'appalto e con i suoi soci, e qualora ci sia un profitto (ἐπιγένημα), paghi al capo appaltatore e ai suoi soci attraverso la banca regia la parte di guadagno che tocca a ciascuno secondo l'appalto. Ma se c'è un disavanzo (ἔγδεια), esiga il pagamento dall'*archones*, dai suoi soci e dai garanti, in base a quanto dovuto da ognuno».

[23] Cfr. Harper jr. 1934b.

[24] L'ἀρχώνης è il primo responsabile nei confronti dell'amministrazione regia ed è tenuto a registrare il suo nome presso l'ufficiale che conduce l'asta. Le autorità regie vogliono però conoscere anche tutti gli altri che a qualunque titolo partecipano all'impresa, in modo che l'*oikonomos* possa valutare se essi abbiano i requisiti per poter assumere l'appalto. Una lista con i nomi dell'appaltatore principale, dei suoi soci, dei garanti, finanche del personale subalterno era conservata nell'archivio. La procedura dell'appalto delle imposte usata nel regno dei Tolomei è chiaramente greca, ma trasferita in un diverso contesto economico e politico (Préaux 1939, 450 parla di «greffe d'institution»), il che comportò inevitabili adattamenti e modifiche: così se nell'Atene di Andocide era appaltata la riscossione dell'imposta, in Egitto ad occuparsi della percezione erano agenti 'statali' (*contra* Brunt 1990, 379), le somme versate dai contribuenti andavano alla banca regia, a fine anno poi, come si è visto, erano calcolati profitti o perdite rispetto alla cifra per cui era stata aggiudicata l'imposta, di cui si dovevano fare carico gli appaltatori (o i garanti che essi erano tenuti a presentare entro trenta giorni dall'aggiudicazione). L'appalto allora non liberava lo Stato dagli oneri della riscossione, né serviva ad anticipare il gettito dell'imposta, ma doveva garantire la somma derivata dalla tassazione, metteva quindi al sicuro le casse statali dai rischi fiscali. Gli appaltatori, tuttavia, erano tutt'altro che assenti: la loro vigile presenza era di aiuto, ma anche di controllo per i funzionari e gli impiegati che si occupavano della riscossione (Harper 1934a).

Mordtmann nel 1885[25], l'epigrafe è stata riesaminata in *Hellenica* 1950 da Jeanne e Louis Robert[26] e più di recente da Annalisa Marzano[27]. Si tratta di una dedica a Poseidone e Afrodite Pontia fatta da un ἀρχώνης e da 11 μέτοχοι. Dopo ἀρχώνης nel testo compare il vocabolo σκοπιᾶς, interpretato da Robert come genitivo di σκοπιά («punto di osservazione», dal verbo σκοπιάζειν). Alla luce di questa lettura, i dedicanti (tutti con nomi greci) sono stati considerati come componenti di una compagnia che aveva preso in appalto i diritti di pesca in una parte di mare (nella lacuna successiva si può ipotizzare ci fosse un toponimo)[28].

L'epigrafe è stata messa da subito in parallelo con *I.Parion* 5[29] (datata I/II sec. d.C.), rinvenuta a Kallipolis, portata a Smirne, ma probabilmente originaria di Pario, anche per la presenza di numerosi nomi romani (in genere prenome e nome romani, cognome greco) che rendono plausibile la provenienza da una colonia. I dedicanti sono οἱ δικτυαρχήσαντε[ς] (maestri delle reti) καὶ τε[λων]|α[ρχ]ήσαντες ἐν τῶι Νε[ι]λαίωι[30]. Alle ll. 3-4 dell'iscrizione si legge ἀρχωνοῦντος Πο|πλίου Ἀουίου Λυσιμάχου. Il participio derivato da ἀρχωνέω qualifica P. Avius Lysimachus come «appaltatore capo». Anche in questo testo si è vista la testimonianza di una compagnia che ha preso in appaltato il diritto di pesca in una certa zona di competenza della città (piuttosto che l'imposta sulla pesca o sulla navigazione). Determinante è l'integrazione del participio τε[λων]|α[ρχ]ήσαντες, frutto della restituzione di Mordtmann[31], accolta da Robert[32].

Con lo stesso verbo τελωναρχεῖν è stata integrata la lacuna [... αρ]χήσαντες alle ll. 2-3 di un'iscrizione molto rovinata trovata a Pario (*I.Parion* 6[33]), che al pari dei testi precedenti sembra contenere i nomi di una «Fischereigilde»[34].

Nel 2013 riesaminando queste tre iscrizioni, Annalisa Marzano[35] ha escluso qualunque connessione con una compagnia di appaltatori d'imposte o l'esistenza di tasse sulla pesca. La studiosa ha respinto l'integrazione τελωναρχήσαντες e ha visto nelle epigrafi una prova dell'esistenza di 'business partnerships for the pur-

---

[25] MDAI(A) X, 1885, 204-207 nr. 30.

[26] Robert 1950, 94-97.

[27] Marzano 2013, 42-43.

[28] Robert 1950, 96: «la pêche devait être affermée en un certain nombre de secteurs ; Agatharchos était l'ἀρχώνης σκοπιᾶς de tel endroit». In sostanza l'ἀρχώνης avrebbe preso in appalto un'area marittima (individuabile da un punto di osservazione) da sfruttare per la pesca.

[29] IGRR I, 817.

[30] Tuttavia la lacuna è stata integrata anche diversamente: τελεταρχήσαντες in IGRR I, 817, per cui si tratterebbe di un'associazione legata al culto di Iside. Marzano 2013, 118 nt. 135, riporta la proposta di Lytle di integrare τε[μαχ]α[ρχ]ήσαντες, da intendere come «masters of the fish-salting operation» (vd. *infra*).

[31] Mordtmann in MDAI(A) X, 1885, 206.

[32] Robert 1950, 83.

[33] Cfr. Robert 1950.

[34] Così la intende P. Frisch, in *IParion* 5 e 6.

[35] Marzano 2013, 42-46, 80. La studiosa accoglie l'interpretazione di E. Lytle, *Marine Fisheries and the Ancient Greek Economy*. Unpublished Ph.D. dissertation, Duke University, Durham NC. (2006) (*non vidi*).

pose of large-scale fishing'. Queste associazioni di affari avrebbero preso in locazione dalla città punti di osservazione (*lookouts*) del passaggio dei pesci.

Anche senza entrare nel dibattito sulla finalità dell'associazione, quello che risulta evidente è che c'è un gruppo di individui che ha contrattato (immagino con le autorità cittadine) lo sfruttamento di un certo luogo ai fini della pesca. Il gruppo di individui è guidato da un ἀρχώνης.

Da Mylasa[36] abbiamo un'ulteriore attestazione di ἀρχώνης, ma il testo è oltremodo oscuro per cui non aiuta a comprendere il campo semantico del termine. L'epigrafe (in origine erroneamente attribuita a Hierapolis) è di epoca imperiale (senza poter essere più precisi) e ricorda un certo Παπίας, che è ἀρχώνης ξυστοῦ per la seconda volta e dedica una statua di Ercole per conto di un'associazione (τῇ συνεργασίᾳ). Cosa significhi ἀρχώνης ξυστοῦ è difficile da dirsi (ξυστός dovrebbe indicare il portico nel ginnasio per gli esercizi atletici). Blümel traduce l'espressione con «Pächter eines Sportsplatzes»[37]. Certamente il nostro dedicante ha a che fare con l'associazione e in qualche modo opera a nome di essa e/o a vantaggio di essa.

Tra i documenti più significativi per comprendere il ruolo dell'ἀρχώνης in relazione alla gestione delle imposte nella realtà provinciale romana ci sono soprattutto alcune iscrizioni bilingui di età imperiale, in cui troviamo personaggi che hanno il titolo di ἀρχώνης reso in latino con *pro magistro*.

Il più celebre è C. Vibius Salutaris (la cui carriera si colloca negli anni tra Domiziano e Traiano) che fu *promag. portuum provinc*(*iae*) *Siciliae, item promag. frumenti mancipalis*, nella versione greca ἀρχώνης λιμένων ἐπαρχείας Σικελίας καὶ ἀρχώνης σείτου δήμου Ῥωμαίων[38].

Salutare è dunque promagistro dell'imposta doganale di Sicilia e del 'grano mancipale' (se leggiamo la versione in latino), del 'grano pubblico' (se consideriamo il testo in greco)', riscosso o amministrato in Sicilia[39].

Lo stessa corrispondenza *pro magistro* / ἀρχώνης è in un'altra iscrizione efesina, bilingue e vicina cronologicamente all'epigrafe di Vibio Salutare: in *I.Ephesos* II, 517, A. A[ni?]cius Crispinus[40], è ricordato come [*pr*]*omag. du*[*u*]*m* [*p*(*ublicorum*) *XXXX*] *p*(*ortuum*) *A*(*siae*) *IIII et XX lib*(*ertatis*) *III*, reso nella versione greca con ἀρχώνης τεσ[σα]ρακοστῆς λιμένων Ἀσίας [δ΄] καὶ εἰκοστῆς ἐλευθερίων γ΄. Le integrazioni sono certe perché lo stesso personaggio, con la

---

[36] CIG 3912 *add.* = *I.Mylasa* I, 334.

[37] Blümel in *I.Mylasa* I, 334. In Les Bas – Waddington 1972, nr. 741, si precisa: «ἀρχώνης se dit d'un fermier général d'un impôt ; mais ce mot ne peut guère avoir ce sens ici ; il s'applique probablement au receveur des cotisations de la société». Forbes 1955, 252 nt. 114, definisce ἀρχώνης ξυστοῦ dell'iscrizione in esame un enigma, aggiungendo che «an ἀρχώνης is a tax farmer or revenue officer».

[38] Il titolo ricorre più volte nelle numerose epigrafi relative a questo personaggio: *I.Ephesos* Ia, 28-36; cfr. CIL III, 6065; 14195[4-10]; ILS 7193-7195; OGIS 480. Su Vibius Salutaris e sulla fondazione di cui fu promotore (*I.Ephesos* Ia, 27) è tornata più di recente Kokkinia 2017-2018.

[39] Sul senso di *frumentum mancipale* si vd. Nicolet 1991 e contributo di Soraci in questo volume.

[40] Oppure A. L[ar]cius Crispinus secondo Eck 1997, 113-114.

stessa carica, è ricordato anche in un'iscrizione latina *I.Ephesos* VII.1, 3045[41]. Crispino fu dunque promagistro di due imposte (*quadragesima portuum* e *vicesima libertatis*) appaltate nelle regioni asiane. In *I.Ephesos* VII.1, 3045, infatti, dopo *XX libertatis* segue l'enumerazione di diverse province: *provinciarum Asiae, Ponti et Bithyniae, Galatiae, Cappadociae, Pisidiae, Lycaoniae, Pamphyliae et Lyciae, Armeniae Minoris*. Io credo, diversamente da De Laet, che il lungo elenco si riferisca solo alla seconda delle imposte citate e che dunque rappresenti l'ambito di riferimento per la *vicesima libertatis*[42]. Il distretto della *XXXX portuum* è, invece, solo la provincia d'Asia.

La documentazione epigrafica suggerisce, in modo certo, il senso di ἀρχώνης come equivalente del termine latino *pro magistro*.

Il ruolo del *pro magistro* nell'organizzazione tributaria romana di epoca repubblicana ci è ben noto dalle fonti (anche letterarie). Sulle sue funzioni traiamo notizie in particolare da Cicerone. In un'epistola del 51 a.C. (*ad fam.* 13, 65, 1)[43] l'oratore raccomanda a P. Silius, propretore di Bitinia, P. Terentius Hispo, *qui operas in scriptura pro magistro dat*. Cicerone chiede al governatore di aiutare Ispone a concludere accordi con le città (*ut pactiones cum civitatibus reliquis conficiat*). Inoltre in una lettera del 47 a.C. (Cic. *ad Att.* 11, 10, 1.) Cicerone parlando dello stesso personaggio dice: *P. Terentius, meus necessarius, operas in portu et scriptura Asiae pro magistro dedit*[44]. Ispone, dunque, 'presta servizio' per la compagnia che aveva preso in appalto la *scriptura* e il *portorium* in Asia e forse anche in Bitinia[45].

Sempre da Cicerone apprendiamo che in Sicilia Lucius Carpinatius svolgeva funzione di *pro magistro* per la società che riscuoteva la *scriptura* (II *Verr.* 2, 70, 169; 70, 171; 76, 186). Egli custodiva i libri contabili e teneva informato il *magister* della società a Roma[46]. In epoca repubblicana dunque il promagistro è il principale rappresentante della società appaltatrice in provincia[47].

---

[41] AE 1924, 80. Crispino quasi certamente è ricordato anche nell'epigrafe molto lacunosa *I.Ephesos* II, 517a. Su Crispinus e altri personaggi coinvolti nell'appalto cfr. Van Njif, *The Social World of Tax Farmers and their Personnel*, in Cottier, Crawford, Crowther, Ferrary, Levick, Salomies, Wörrle 2008, 307.

[42] Sul distretto di competenza cfr. De Laet 1949, 275 e *contra* Nicolet 1993, 938-940.

[43] Cic. *ad fam.* 13, 65, 1: *Cum P. Terentio Hispone, qui operas in scriptura pro magistro dat, mihi summa familiaritas consuetudoque est, multaque et magna inter nos officia paria et mutua intercedunt: eius summa existimatio agitur in eo, ut pactiones cum civitatibus reliquis conficiat. Non me praeterit nos eam rem Ephesi expertos esse neque ab Ephesiis ullo modo impetrare potuisse; sed, quoniam, quemadmodum omnes existimant et ego intelligo, tua quum summa integritate, tum singulari humanitate et mansuetudine consecutus es, ut libentissimis Graecis nutu, quod velis, consequare, peto a te in maiorem modum, ut honoris mei causa hac laude Hisponem affici velis.*

[44] Nicolet 1993, 932-935; cfr. Nicolet 1979, 75 e 83-84.

[45] Un'analisi dell'organizzazione dell'appalto delle imposte in Asia Minore, alla luce di questa epistola ciceroniana, è stata condotta da Cotton 1986, 367-373.

[46] Non era promagistro Canuleius, per il quale Cicerone usa però la stessa formula *in portu operas dabat* (II *Verr.* 2, 2, 70, 171; 72, 176). Egli opera a servizio della società per cui è promagistro Carpinazio: Cimma 1980, 84.

[47] In questo senso Cimma 1981, 80-84, ma di diverso parere Talamanca 1990, 832 nt. 194: «I *promagistro* erano, probabilmente, incaricati dal *magister* (o da uno di essi), di svolgere attività

Nelle iscrizioni bilingui appena citate viene presentata un'equivalenza tra *pro magistro* e ἀρχώνης, ma rimane da chiarire il valore dei due termini (inoltre è da valutare se tale interpretazione sia valida per tutte le occorrenze di epoca imperiale)[48]. La collocazione tra fine I / inizi II secolo d.C. dei documenti in esame è molto importante: è comunemente accolta in dottrina l'ipotesi di De Laet[49] che anche per l'imposta doganale, come era avvenuto all'inizio del principato per il tributo fondiario, la riscossione fu progressivamente tolta alle *societates* di pubblicani. Il passaggio alla riscossione diretta per il *portorium* sarebbe avvenuto in modo molto graduale: dapprima alle *societates publicanorum* subentrarono i singoli *conductores*, poi si sostituì la riscossione diretta ad opera di procuratori.

Per De Laet[50], in particolare in Asia e in Sicilia «le fermier général» (altrove chiamato *conductor*) era denominato *pro magistro* (in greco appunto ἀρχώνης). Traeva conferma di ciò dall'esame della lunga e articolata carriera di un altro ἀρχώνης τεσσαρακοστῆς λιμένων Ἀσίας, M. Aurelius Mindius Mattidianus Pollio, attivo nell'epoca di Commodo e ricordato con tale titolo in alcune iscrizioni efesine[51]. Inoltre in un'iscrizione da Alicarnasso (OGIS 525 = ILS 8858) due schiavi, Kalokairos e Eutyches, si qualificano come πραγματευταί (*actores*) non di una società, ma M(άρκου) Αὐ(ρηλίου) Μινδί[ου] Ματιδιανοῦ Πωλλί[ω]νος ἀρχώνου μ´ (τεσσαρακοστῆς) λι[μ]ένων Ἀσίας καὶ ἐπι[τ]ρόπου Σεβ(αστοῦ).

Proprio partendo da questa documentazione e considerando l'espressione ἀρχώνης / *pro magistro* come equivalente di *conductor*, De Laet definiva Crispino il primo appaltatore generale attestato nella circoscrizione doganale d'Asia (sarebbe la prova che in quest'ultima area il passaggio dall'appalto del *portorium* a società di *publicani* all'appalto a singoli *conductores* si ebbe in età traianea). Analogamente funzioni di appaltatore singolo / *conductor* avrebbe avuto C. Vibio Salutare. Per De Laet[52], inoltre, Mindio Mattidiano sarebbe stato l'ultimo degli «appaltatori generali» e il primo dei procuratori imperiali attivi nel distretto, soprattutto perché Matidiano in OGIS 525 è ἀρχώνης (cioè *conductor*) della *XXXX portuum Asiae* e al contempo ἐπίτροπος Σεβαστοῦ, cioè *procurator* imperiale.

---

che altrimenti sarebbero ricadute sui *magistri* stessi». Sulle funzioni del *pro magistro* si veda anche Arias Bonet 1948/1949, 260-261.

[48] Il titolo di *pro magistro* ricorre anche in altri documenti di epoca imperiale, quando sicuramente c'è stata un'evoluzione nella gestione delle imposte romane. Hirschfeld 1905², 84, 104, 140, considerando le attestazioni di *procurator promagistro* (noti ad esempio per la *XX hereditatium* e la *XX libertatis*), pensava ad un funzionario imperiale, per cui la denominazione di promagistro era solo una forma di arcaismo. Per Nicolet 1991, 138, invece, ancora in epoca imperiale il titolo e la funzione appaiono legati all'esistenza di un contratto pubblico e di una società.

[49] De Laet 1949, 369-415; cfr. Cimma 1981, 108-111. *Contra* Brunt 1990, 406-414.

[50] De Laet 1949, 384-388.

[51] AE 1928, 97 = SEG IV, 520 = *I.Ephesos* III, 627; *I.Ephesos* VII.1, 3056; nonché OGIS 525 = ILS 8858 = AE 1897, 77 da Alicarnasso. Mattidiano fu anche ἐπίτροπος τοῦ Σεβαστοῦ εἰκοστῆς κληρονομιῶν ἐπὶ Ῥώμης = *procurator XX hereditatium Romae*, oltre ad aver ricoperto diverse procuratele ducenarie.

[52] De Laet 1949, 408 nt. 4.

Rostovzev[53], invece, vedeva in Vibio Salutare, come anche in Mindio Matidiano, un semifunzionario, «Halbbeamter»[54], anche alla luce del titolo ἐπίτροπος Σεβ(αστοῦ) presente in OGIS 525.

Di diverso parere Brunt[55], che non trovava alcuna prova nelle nostre fonti che in Asia si fosse effettivamente passati a quello che De Laet chiamava «le système de conductorat»: considera, infatti, Crispino il «local manager of a publican company», chiamato ἀρχώνης perché in ambito provinciale era il «tax-farmer *par-excellence*»; quanto poi a Mindio Matidiano, ἀρχώνης in questo caso non sarebbe servito a rendere il latino *pro magistro* (le iscrizioni relative a questo personaggio sono solo in greco), ma significava semplicemente che «he had a leading role in the farming of the Asian *portoria*».

In effetti, come ha giustamente rilevato Nicolet[56], nelle iscrizioni bilingui in esame il termine ἀρχώνης «appartient incontestablement au vocabulaire des fermes publiques» e ἀρχώνης / *pro magistro* «signifie, exactement comme *manceps* ou *actor*, 'le principal fermier', celui qui passe avec l'Etat le contrat au nom de ses associés».

A mio giudizio, bisogna guardare alla titolatura dei nostri personaggi da due prospettive, quella romana e quella greca, complementari certamente, ma non sovrapponibili. *Pro magistro* ha sicuramente un significato 'tecnico', un valore formale: è il titolo ufficiale di Salutare e Crispino. La parola ha un'origine antica, connessa alla riscossione delle imposte in provincia. Non credo nel I/II secolo d.C. abbia assunto lo stesso significato di *manceps*, semplicemente perché il *pro magistro*, ancora in epoca traianea, opera in provincia (questione diversa se egli stesso abbia assunto il contratto, abbia fatto anche da *manceps*, cosa possibile nella evoluzione del sistema tributario romano).

Nell'ottica greca, invece, dovendo rendere il titolo latino comprensibile ad un lettore ellenofono si guarda all'aspetto sostanziale, cioè al ruolo svolto dai due personaggi in provincia: Salutare e Crispino, come anche Matidiano, sono al vertice dell'apparato (senza poter escludere del tutto che fossero ancora attive delle società) che gestisce le diverse imposte (*portorium, scriptura*) in provincia. Nel vocabolario greco dell'epoca classica come di quella ellenistica, lo abbiamo visto, per individuare chi 'dirigeva' degli individui che operavano in ambito tributario si usava il termine ἀρχώνης, che non 'traduce' il titolo di *pro magistro*, ma ne evidenzia la posizione preminente.

Impossibile formulare una conclusione definitiva, ma credo che le scelte lessicali dei documenti epigrafici ci possano dare almeno un'indicazione interpretativa: il promagistro è qualcuno che esercita la sua attività in provincia per la gestione tributaria; se nelle fonti greche lo stesso personaggio è definito ἀρχώνης evidentemente per la comunità locale egli è (ancora) alla testa del gruppo che opera per la riscossione di quella stessa imposta.

---

[53] Rostovzev 1902, 392-393, 404-405.

[54] *Contra* Cimma 1981, 116-117.

[55] Brunt 1990, 407-408.

[56] Nicolet 1991, 139.

Appendice: *ἀρχιτελώνης, τελωνάρχης*

Termini correlati con ἀρχώνης, sempre con il significato di 'capo degli esattori delle imposte', sono: ἀρχιτελώνης e τελωνάρχης. In questi due vocaboli, inoltre, è precisato l'oggetto dell'appalto: i τέλη, che stanno con buona probabilità ad indicare le imposte doganali. Non esistono attestazione epigrafiche e questo ci allontana dal discorso oggetto del convegno. Si propone pertanto solo qualche rapida osservazione.

La più antica attestazione di ἀρχιτελώνης è nel Vangelo di Luca (19, 2). La parola compare una sola volta[57]: nel Nuovo Testamento, infatti, sono più volte menzionati gli esattori di imposte (τελῶναι), sempre in connessione con la riscossione delle entrate doganali, ma solo Zaccheo è detto ἀρχιτελώνης, «capo dei pubblicani». Egli probabilmente riscuoteva a Gerico i dazi sulle merci introdotte in Giudea dalla Perea. In effetti in Giudea, come in Egitto e Siria, i Romani non sembrano aver creato i grandi distretti doganali, ma aver conservato il precedente sistema dei piccoli appalti[58], per cui le stazioni erano appaltate separatamente e, per lo più, gli appaltatori erano locali. L'espressione ἀρχιτελώνης però lascia intendere che potevano esserci anche appalti di grandi proporzioni assunti da un gruppo di persone. In questo contesto il termine assume anche una forte valenza simbolica: Zaccheo non è solo un pubblicano (un peccatore per antonomasia), ma è il capo dei pubblicani e, aggiunge l'evangelista, ricco (πλούσιος), appartiene quindi a quella categoria che era più difficile che entrasse nel Regno dei Cieli; ecco allora che la sua conversione è ancora più straordinaria.

Di costruzione e senso affini è il più tardo sostantivo τελωνάρχης, che ricorre nella XIV *Homilia* di Cirillo d'Alessandria (PG 77, 103B): il capo dei pubblicani è simbolo del male, come si evince in modo non equivoco dal contesto. Con significato molto più concreto di «pubblicano» lo stesso sostantivo è attestato in un papiro della Columbia University (*SB* VI, 9525, l. 20 = *P.Col.* VIII, 244, l. 20, dal Fayum) del VI d.C., riferito ad uno dei cinque testimoni che sottoscrivono un contratto di compravendita, ma dal testo non si ricava alcuna indicazione né sull'imposta appaltata, né su un'eventuale funzione di «capo dei pubblicani». Dalla stessa area viene anche un altro papiro (*P.Kl.Form.* 82) databile agli inizi del VII secolo d.C., in cui compare il τελωνάρχης Kosmas, che svolge la propria opera in relazione al colorante porpora (κρίμος), da intendersi secondo S. Tost, l'ultimo editore, «eher als Monopolabgabe denn als Zollgebühr»[59]: si tratterebbe

---

[57] Le altre attestazioni di ἀρχιτελώνης sono tutte in realtà commenti o richiami al passo del Vangelo di Luca: Clem. Al. *Strom.* 4, 6, 35 [PG 8, 1248A]; Joann. Chrys. PG 58, 686; 58, 752; 59, 603 [Severiano di Gabala?]; 60, 760; 61, 767; Amphiloch. *Oratio* VIII, 32 e 105; Cyrill. Al. PG 72, 865A. L'unica occorrenza del verbo ἀρχιτελωνέω è decisamente tarda (IX sec. d.C., in Steph. Diac. PG 100, 1125C): il participio ἀρχιτελωνοῦντα serve a specificare che Aulicalamus, esattore (φορολόγος) attivo a Nicomedia, aveva una posizione di preminenza rispetto agli altri pubblicani.

[58] Rostovzev 1902, 480; De Laet 1949, 331-344.

[59] Tost 2007, 144-145.

a suo giudizio della prova che l'ambito di competenza dei τελωνάρχαι non era limitato all'imposta doganale[60]. Ad un dazio doganale si riferisce molto probabilmente la ricevuta conservata in *P.Lond.* V, 1754 da Babylon (Heliopolites), ma il documento è molto tardo (epoca araba) e la parola alla l. 1 non è concordemente intesa come τελωνάρχης (per Bell ad es. va letta τελωνικοί)[61].

Bibliografia

Arias Bonet J.A., 1948/1949, Societas publicanorum, «AHDE», 19, 218-303.

Bingen J., 1952, *Papyrus Revenue Laws. Nouvelle édition du texte*, in *Sammelbuch Griechischer Urkunden aus Ägypten*, I, Göttingen.

Bingen J., 1978, *Le Papyrus Revenue Laws. Tradition grecque et Adaptation hellénistique*, Opladen.

Boeckh A., 1886³, *Die Staatshaushaltung der Athener*, I, Berlin [trad. ingl. *The public economy of Athens*, New York 1976].

Brunt P.A., 1990, *Publicans in the Principate*, in *Roman Imperial Themes*, Oxford, 354-432.

Chantraine P., 1968, *Dictionnaire étymologique de la langue grecque. Histoire des mots*, Paris.

Cimma M.R., 1981, *Ricerche sulle società di publicani*, Milano.

Cottier M., Crawford M.H., Crowther C.V., Ferrary J.-L., Levick B.M., Salomies O., Wörrle M., 2008, *The Customs Law of Asia*, Oxford.

Cotton H.M., 1986, *A Note on the Organization of Tax-Farming in Asia Minor (Cicero, Fam., XIII,65)*, «Latomus», 45, 367-373.

De Laet S.J., 1949, Portorium, Brugge.

Eck W., 1997, *Zu kleinasiatischen Inschriften (Ephesos; Museum Bursa)*, «ZPE», 117, 107-116.

Eck W., 2020, *Conclusioni*, in C. Soraci, *Fiscalità ed epigrafia nel mondo romano.* Atti del Convegno Internazionale (Catania, 28-29 giugno 2019), Roma, 145-153.

Engelmann H. – Knibbe D., 1989, *Das Zollgesetz der Provinz Asia*, «EA», 14.

Forbes C.A., 1955, *Ancient Athletic Guilds*, «CPh», 50, 238-252.

Grenfell B.P., 1896, *Revenue Laws of Ptolemy Philadelphus*, Oxford.

Harper jr. G.M., 1934a, *Tax Contractors and their Relation to Tax Collection in Ptolemaic Egypt*, «Aegyptus», 14, 49-64.

Harper jr. G.M., 1934b, *The Relation of* Ἀρχώνης, Μέτοχοι *and* Ἔγγυοι *to each other, to the Government and to the Tax Contract in Ptolemaic Egypt*, «Aegyptus», 14, 269-285.

Hirschfeld O., 1905², *Die Kaiserlichen Verwaltungsbeamten bis auf Diocletian*, Berlin.

[60] Va detto, però, che in un diverso contesto storico e geografico (*lex portus Asiae*, l. 20) troviamo i pubblicani della *quadragesima portus Asiae* coinvolti nella riscossione dell'imposta sulla porpora (si discute se l'imposta era pagata dai produttori di porpora o dai pescatori del murice da cui si ricavava la porpora).

[61] Non aiuta, infine, ad allargare l'esegesi del termine l'attestazione di τελωνάρχης in un papiro egiziano di provenienza sconosciuta e databile nel VII sec. d.C. (*P.Got.* 14, l. 2).

Kokkinia C., 2017-2018, *A Roman financier's Version of Euergetism: C. Vibius Salutaris and Ephesos*, «Tekmeria», 14, 215-252.

Les Bas P., Waddington W.H., 1972, *Inscriptions Grecques et Latines recueillies en Asie Mineure*, Hildesheim-New York.

Malavolta M., 2002, Manceps *nella documentazione epigrafica dalla prima età imperiale alla tarda antichità*, «Studi sull'Oriente Cristiano» 6/1, 177-202.

Marzano A., 2013, *Harvesting the Sea: The Exploitation of Marine Resources in the Roman Mediterranean*, Oxford.

Mateo A., 1999, Manceps, redemptor, publicanus, Santander.

Merola G.D., 2004, *Il valore dei termini* δημοσιώνης *e* τελώνης *nel* Monumentum Ephesenum, in A. Storchi Marino (ed.), *Economia, amministrazione e fiscalità nel mondo romano. Ricerche lessicali*, Bari, 173-189.

Merola G.D., 2006, *Il* Monumentum Ephesenum *e la struttura delle* societates publicanorum, «Athenaeum», 94, 123-133.

Merola G.D., 2010, *Recensione* a Cottier, Crawford, Crowther, Ferrary, Levick, Salomies, Wörrle 2008, «BMCR» [*http://bmcr.brynmawr.edu/2010/2010-05-15.html*].

Merola G.D., 2013, *Leggi doganali d'Asia: testi a confronto*, «MedAnt», 16.2, 455-469.

Merola G.D., c.d.s., *Pubblicani romani nella documentazione greca*, in A. Raggi (ed.), *Il lessico greco dell'amministrazione romana. Casi di studio e problematiche*. Atti del Convegno (Pisa, 24-25 novembre 2022).

Migeotte L., 2002, *L'économie des cités grecques de l'archaïsme au Haut-Empire romain*, Paris [trad. it. *L'economia delle città greche. Dall'età arcaica all'alto impero romano*, a cura di U. Fantasia, Roma 2003].

Nicolet C., 1971, *Polybius VI, 17, 4 and the composition of the* societates publicanorum, «The Irish Jurist», 6, 163-176.

Nicolet C., 1979, *Deux Remarques sur l'organisation des sociétés de publicains à la fin de la République,* in H. van Effenterre (ed.), *Points de vue sur la fiscalité antique*, Paris, 69-95.

Nicolet C., 1991, *«*Frumentum mancipale*»: en Sicile et ailleurs*, in A. Giovannini (ed.), *Nourrir la plèbe*, Basel-Kassel, 119-140.

Nicolet C., 1993, *Le* Monumentum Ephesenum *et la délimitation du* portorium *d'Asie*, «MEFRA», 105, 929-959.

Nörr D., 2013, *Zur Neuedition der lex portorii Asiae*, «ZRG» 130, 72-126.

Ørsted P., 1985, *Roman Imperial Economy and Romanization*, Copenhagen.

Préaux C., 1939, *L'économie royale des Lagides*, Bruxelles.

Raggi A., 2012, *La nuova edizione del regolamento doganale della provincia d'Asia*, «Athenaeum», 100, 479-485.

Robert J. et L., 1950, *Inscriptions de l'Hellespont et de la Propontide*, in *Hellenica*, IX, Paris, 78-97.

Rostovzev M., 1902, *Geschichte der Staatspacht in der römischen Kaiserzeit bis Diokletian*, Leipzig, 329-512 [rist. Roma 1971].

Spagnuolo Vigorita T., 1996, Lex portus Asiae. *Un nuovo documento sull'appalto delle imposte*, in *I rapporti contrattuali con la pubblica amministrazione nell'esperienza storico-giuridica*. Atti del congresso internazionale (Torino, 17-19 ottobre 1994), Napoli, 113-190 [= T. Spagnuolo Vigorita, Imperium Mixtum. *Scritti scelti di diritto romano*, Napoli 2013, 227-302].

Steinwenter A., 1928, s.v. Manceps, in *RE*, XIV/1, 987-997.

TAKMER B., 2007, Lex Portorii Provinciae Lyciae. *Ein Vorbericht über die Zollinschrift aus Andriake aus neronischer Zeit*, «Gephyra» 4, 165-188.

TALAMANCA M., 1990, s.v. *Società (dir. romano)*, in *Enciclopedia del Diritto*, XLII, 814-857.

TOST S., 2007, *Griechische Papyrusurkunden kleineren Formats. Neuedition: SPP III^2 1-118, Quittungen, Lieferungskäufe und Darlehen*, Wien.

WALBANK F.W., 1957, *A Historical Commentary of Polybius*, I, Oxford.

GIULIA VETTORI

Contribuenti straordinarie? Donne e *vicesima hereditatium**

DOI: 10.48255/9788891332813.06

Le fonti storiografiche concentrano la loro attenzione sulle contribuzioni straordinarie che ebbero come protagoniste le donne nella storia di Roma[1]. Livio si sofferma in particolare sui provvedimenti presi nel corso della seconda guerra punica e nei decenni immediatamente successivi. Al di là della *lex Oppia*, emanata nel 215 a.C. e provvista secondo una parte della critica di un intento confiscatorio[2], nel 214 a.C. le *viduae* depositarono nell'erario le loro *pecuniae*, probabilmente non proprio a titolo volontario[3]; mentre una decina d'anni dopo l'abrogazione della *lex Oppia* nell'ambito della propria censura Catone tassò abiti e ornamenti matronali superiori a un certo valore[4]. Appiano, da parte sua, si sofferma sugli anni delle guerre civili: lo storico di Alessandria riporta i provvedimenti vessatori imposti nel 42 a.C. dai triumviri a 1400 *matronae* abbienti[5]. Queste ultime furono peraltro capaci di opporsi con un certo successo all'iniziativa di Ottaviano, Lepido e Marco Antonio grazie all'efficace orazione pronunciata da Ortensia[6].

---

* Sono grata a Cristina Soraci per aver promosso una stimolante occasione di confronto scientifico e per avermi invitata a prendervi parte. Questo contributo rielabora le riflessioni presentate a Catania il 10 Dicembre 2022 e si è giovato degli studi e delle osservazioni critiche condivisi da Michaël Girardin, Sven Günther, Giovanna D. Merola e dalla stessa Cristina Soraci, che ringrazio. Ogni restante manchevolezza è da attribuirsi a chi scrive.

[1] Com'è noto, a partire dagli anni Settanta del Novecento, gli studi sulle donne nel mondo antico hanno conosciuto un vero e proprio *floruit*. Nell'impossibilità di dar conto in questa sede di un panorama storiografico sempre più vasto e articolato, ci si limita a segnalare le ricerche antesignane di Cantarella 1981; Peppe 1984; Cantarella 1989; Cantarella 1996; Cenerini 2002. In particolare, sulle contribuzioni straordinarie delle *matronae*, vd. Peppe 1984, 48-49; Lizarzategui 2022.

[2] Cambria 2009; Peppe 2016, 356-357. *Contra* Webb 2019, in partic. 264-266. Per un recente *status quaestionis* sulla *lex Oppia*, vd. Vettori 2023[2].

[3] Liv. 34.18.11-15.

[4] Liv. 39.44.1-3; cfr. Plu. *Cato mai.* 18.2-3.

[5] App. *B Civ.* 4.32.135.

[6] App. *B Civ.* 4.32.135-146. Cfr. Val. Max. 8.8.3; Quint. 1.1.6. Sul discorso di Ortensia, vd. Peppe 1984, 17-50; Hopwood 2015; Lucchelli-Rohr Vio 2016; McClintock 2022, 109-122. Sulla politica fiscale dei triumviri, vd. Nicolet 1976; Scuderi 1979; García Morcillo 2020.

Ma il coinvolgimento femminile nel sistema fiscale romano rappresentava davvero un fenomeno eccezionale? Quelli delle donne erano a tutti gli effetti dei contributi straordinari? La risposta a queste domande è naturalmente negativa e lo è anche in riferimento all'imposta sulla quale intende concentrare l'attenzione il presente contributo, la *vicesima hereditatium*.

Le riflessioni che qui si presentano afferiscono a un filone di ricerca avviato già negli anni Ottanta ma non ancora esplorato in modo compiuto e si qualificano pertanto solo come un primo tentativo, di necessità parziale e non esaustivo, di affrontare una questione complessa e meritevole senz'altro di ulteriori approfondimenti. Se si eccettuano le osservazioni proposte da Leo Peppe nel suo studio pionieristico *Posizione giuridica e ruolo sociale della donna romana in età repubblicana* e riprese più di recente nel suo *Civis romana*[7], un saggio di Michaël Girardin inerente alla Giudea[8] e un contributo di prossima pubblicazione relativo all'età repubblicana a cura di Cristina Rosillo-López[9], manca infatti uno studio estensivo sul rapporto tra donne e fiscalità. Per quanto riguarda nello specifico la contribuzione femminile nell'ambito della *vicesima hereditatium*, nel 1983 al tema aveva dedicato un breve paragrafo Georg Klingenberg: dodici righe, non sostanziate però da alcun riferimento alle fonti[10].

Val la pena pertanto riconsiderare la questione. Dopo alcuni cenni preliminari utili a ripercorrere i caratteri generali dell'imposta e le circostanze della sua introduzione, si procederà dapprima a un riesame di alcune fra le attestazioni più significative in merito al rapporto tra donne e *vicesima hereditatium*, con particolare riferimento alla parte occidentale dell'impero; in un secondo momento, si proporranno alcune considerazioni di carattere generale, ragionando sul perché il coinvolgimento femminile nel pagamento della *vicesima* non dovesse essere eccezionale.

1. La *vicesima hereditatium*: caratteri generali

La politica fiscale di Augusto si segnala senza dubbio per l'introduzione di nuove imposte[11]. Accanto alla *vicesima libertatis*, tassa sulle manomissioni risalente già all'età repubblicana[12], venne creata la *quinta et vicesima venalium mancipiorum*, imposta del 4% che colpiva i trasferimenti di proprietà degli schiavi, versata nell'*aerarium Saturni* e utile per finanziare i *vigiles* nella ca-

[7] Peppe 1984, 136-144; Peppe 2016, 94, 149, 354-355.

[8] Girardin 2023.

[9] Rosillo-López c.d.s.

[10] Klingenberg 1983, 144-145. Vd. *infra* n. 69.

[11] Lo Cascio 1991, 134; Günther 2008, 32-37; Carlà, Marcone 2011, 233. Sul riassetto della fiscalità provinciale vd. France 2009; Merola 2016, con particolare riferimento alla provincia d'Asia; per le province d'oltralpe, con specifico riferimento alla Germania e alla Gallia, vd. Eck 2020a.

[12] Liv. 7.16.7-8; Neesen 1980, 140-141; Eck 1979, 114-124 (= 1999, 120-130); Günther 2008, 95-126.

pitale[13]. Ad alimentare l'erario militare, e dunque per coprire le ingenti spese legate ai premi di congedo dei legionari[14], vennero invece introdotte la *centesima rerum venalium*, imposta dell'1% sulle vendite all'asta[15], e infine la *vicesima hereditatium*, imposta del 5% sull'eredità[16]. Se delle prime due imposte poco ci è noto, la *vicesima hereditatium* si presta senza dubbio a considerazioni interessanti.

Stando a Cassio Dione, la sua introduzione, che avrebbe ripreso un progetto cesariano ed era già stata tentata dai triumviri[17], era motivata dalla necessità di disporre di un gettito abbondante e costante[18]. A essere colpiti nella misura del 5% erano le eredità e i legati, con due importanti eccezioni: erano esentati dal pagamento della *vicesima* i familiari stretti (συγγενεῖς) e i poveri (πένητες), due espressioni che con la loro vaghezza hanno lasciato spazio a non pochi dubbi interpretativi[19]. Per quanto concerne la prima esenzione, è possibile che riguardasse inizialmente solo le successioni tra genitori e figli e sia progressivamente giunta a ricomprendere le *decem personae* previste dal diritto, e dunque anche fratelli e sorelle, nonni e nipoti e zii e nipoti[20].

Ancor più dibattuto è l'ambito di riferimento del secondo esonero[21]. Secondo Werner Eck, non era tanto la situazione patrimoniale del destinatario o della destinataria dell'eredità o del lascito a essere dirimente, quanto piuttosto l'ammontare

[13] Günther 2008, 149-154.

[14] Sull'erario militare, Corbier 1974; Corbier 1977; Swan 2004, 174. Resta incerto se i proventi della *vicesima hereditatium* fossero sufficienti a coprire le spese militari (per alcune stime vd. Frank 1940, 5-7; Hopkins 1980, 124-125) e i costi di gestione dell'*aerarium militare*: Günther 2008, 57 n. 303; scettico sul punto, Champlin 1992, 903.

[15] Günther 2008, 127-147.

[16] *RGDA* 17; Suet. *Aug.* 49.1-5; cfr. anche Cass. Dio 52.28.1-6; 55.25.5-6; 56.40.2. Sull'imposta di successione, Cagnat 1882, 175-226; Catinelli 1885; Marquardt 1884², 266-269; Ciccotti 1921, 110-115; Stella Maranca 1924, 263-286; Wesener 1958; Luzzatto 1975³; Eck 1979, 125-144 (= 1999, 130-149); Neesen 1980, 136-139; Rodríguez Alvarez 1981; Günther 2007; Günther 2008, 23-94; Benoit 2012. Sull'evoluzione subìta nel II sec. d.C. dalla *vicesima hereditatium* vd. Eberle 2021, in partic. 86-101. L'importo dell'imposta, pari a un ventesimo dei beni ereditari, venne raddoppiato da una controversa riforma di Caracalla (Cass. Dio 77.9.4; Marotta 2021) e ripristinato nel suo valore originario da Macrino: Cass. Dio 78.9.

[17] Cass. Dio 55.25.5-6; cfr. Cass. Dio 56.28.4; App. *B Civ.* 5.282; Nicolet 1976, 96-98; Günther 2008, 27-32; Günther 2015.

[18] Cass. Dio 55.25.4.

[19] Cass. Dio 55.25.5; cfr. Plin. *pan.* 37.1: *his vicesima reperta est, tributum tolerabile et facile heredibus dumtaxat extraneis.*

[20] Vd. Plin. *pan.* 39.1. Günther 2008, 42-46; Tolsa Domènech 2011, 179. La parentela esentata dal pagamento si estendeva fino al secondo grado per Eck 1979, 126 (= 1999, 132); Günther 2008, 46. Possibilisti o propensi per un'inclusione fino al terzo grado, comprendendo anche zii materni e paterni, Champlin 1992, 903; Gardner 2001, 214-217. Di certo, a ogni modo, dapprima l'esenzione si applicava solo a quanti erano legati da rapporti familiari tutelati dal diritto romano, e dunque ai cittadini di antica data: Plin. *Pan.* 37.1-5; e *infra*, §4.

[21] Cfr. Plin. *pan.* 40.1: *Carebit onere vicesimae parva et exilis hereditas.* [...] *Cuicumque modica pecunia ex hereditate alicuius obvenerit, securus habeat quietusque possideat.*

complessivo dei beni ereditari[22], se non il valore dei singoli lasciti[23]. Aperta resta invece ogni ipotesi sul livello minimo della quota non imponibile, secondo un'autorevole parte della critica pari a 100.000 sesterzi oppure, sulla scorta di ricostruzioni basate però su un'interpretazione forse impropria della documentazione papiracea, di entità notevolmente inferiore[24]. Peraltro, se si considera che, stando alla testimonianza del *Panegirico*, fu Traiano il primo a prevedere una soglia patrimoniale minima, non può escludersi che questa esenzione sia stata introdotta solo in un secondo momento[25].

Tale fu l'opposizione seguita all'introduzione della nuova imposta, che il *princeps*, per fare accettare la contribuzione su eredità e legati, avrebbe paventato in alternativa la reintroduzione di un tributo sui beni immobili. Riferendo gli eventi del 13 d.C., racconta Cassio Dione che «quando Augusto venne a sapere [...] che i senatori erano pronti a sottoporsi a ogni forma di tassa piuttosto che a quella in forza, egli la cambiò in un prelievo su campi e case; e immediatamente, senza stabilire quanto grande sarebbe stata o in che modo imposta, mandò uomini dappertutto per fare un elenco della proprietà sia dei privati sia delle città»[26].

Cassio Dione riporta che quasi tutti erano gravati dalla tassa del 5% (τε ἐπὶ τῇ εἰκοστῇ πάντες ὡς εἰπεῖν ἐβαρύνοντο) e, se ancor oggi l'impiego di un linguaggio inclusivo è un obiettivo mancato – quando non discusso e avversato –, non ci si può certo attendere che il dettato dello storico d'età severiana espliciti la presenza delle donne tra quanti erano soggetti alla contribuzione. L'opposizione alla legge testimoniata da Cassio Dione, vide anche un coinvolgimento femminile?[27]

Nonostante l'assenza di evidenze dirette in relazione al loro ruolo di contribuenti all'inizio del I sec. d.C., la partecipazione al pagamento della *vicesima* da parte delle donne trova in età successiva alcuni riscontri letterari ed epigrafici degni di nota.

---

[22] L'imposta era applicata all'intera proprietà e al suo interno ogni legato era soggetto a una quota della stessa: Gilliam 1952, 397 n.2.

[23] Eck 1979, 126-127 (= 1999, 131); *contra* Brunt 1971, 115 n.4. Per una recente discussione sul tema cfr. Blicharz 2021, in partic. 69-81, che tende tuttavia a ravvisare nell'esenzione per gli indigenti uno scopo sociale con ogni probabilità a essa estraneo. Importava ottimizzare le risorse amministrative, non considerando i casi poco rilevanti per gli esattori e la cassa imperiale: Eck 1979, 127 (= 1999, 132); von Reden 2010-11, 748; Günther 2015, 223-224.

[24] Mommsen 1844, 120-121 n. 106c; Marquardt 1884², 267. Per uno *status quaestionis*, vd. Gilliam 1952, 398-402. Sulla base di *PMich* 7.435+440 è stato sostenuto che la soglia minima soggetta alla *vicesima* fosse pari a 1.900 dracme: Gilliam 1952; Tolsa Domènech 2011, 179. *Contra* Eck 1979, 127-128 (= 1999,133-134), il quale sottolinea come in un'eredità soggetta alla *vicesima* tutti i legati, indifferentemente dal loro ammontare, fossero a loro volta proporzionalmente gravati dall'imposta. Si tratta a ogni modo di ipotesi puramente speculative: Cagnat 1882, 185; Günther 2008, 48; Benoit 2012, 44.

[25] Plin. *Pan.* 39.5-40.2 con Günther 2008, 46-48.

[26] Cass. Dio 56.28.4-6; secondo Swan 2004, 196 l'interesse di Cassio Dione sarebbe motivato dalla coeva politica promossa in materia fiscale da Caracalla. Sul punto vd. anche Carlsen 2021, 399-400.

[27] Un coinvolgimento più o meno diretto nella protesta da parte delle donne non è implausibile, come attestano altri episodi riportati dalle fonti in frangenti di particolare criticità sotto il profilo bellico, sociale, finanziario e politico. Per una disamina, vd. Hemelrijk 1987.

2. Il caso di Corellia (Plin. *ep.* 7.14)

In un'epistola databile al 107 a.C., Plinio si rivolge a Corellia, una cara amica di famiglia[28], e fornisce alcuni dettagli significativi in merito a una compravendita di un fondo situato nei pressi del lago di Como. Desiderosa di acquistare un podere nella zona, la *matrona* si era infatti rivolta proprio a Plinio, che aveva individuato in una porzione di beni recentemente ereditati l'investimento ideale[29]. Nella volontà di accontentare e compiacere l'amica, Plinio aveva gestito la pratica in modo un po' frettoloso tramite un proprio liberto: nella vendita della proprietà aveva infatti perso 200.000 sesterzi. Del resto, come è stato di recente ben sottolineato da Dario Mantovani, l'agire economico dei Romani era notoriamente influenzato da criteri diversi rispetto alla mera massimizzazione della ricchezza[30]. L'epistolario pliniano offre sotto questo profilo delle testimonianze paradigmatiche e la narrazione di questo episodio, non priva di toni paternalistici, evidenzia a chiare lettere come quella che in termini strettamente finanziari costituiva una perdita per Plinio – incorso peraltro pure nel biasimo del nonno della moglie[31] – potesse rappresentare un guadagno in termini di capitale sociale[32].

Interessa soffermarsi sull'elemento che palesa l'entità del cattivo affare di Plinio. Determinante risulta infatti la menzione della *vicesima hereditatium*, pagata dalla contraente non sulla base del corrispettivo versato a Plinio, ma sulla stima del valore corrente del fondo – decisamente superiore – effettuata dai *publicani*[33]. Le spese tributarie rientravano espressamente tra gli *onera hereditaria* di cui il venditore poteva essere rimborsato nell'ambito della compravendita

[28] Plin. *ep.* 7.14.1-2: *C. Plinius Corelliae Suae S. Tu quidem honestissime, quod tam impense et rogas et exigis, ut accipi iubeam a te pretium agrorum non ex septingentis milibus, quanti illos a liberto meo, sed ex nongentis, quanti a publicanis partem vicensimam emisti. Invicem ego et rogo et exigo, ut non solum quid te verum etiam quid me deceat adspicias, patiarisque me in hoc uno tibi eodem animo repugnare, quo in omnibus obsequi soleo. Vale.* Corellia era la sorella del mentore di Plinio, il senatore Corellio Rufo, nonché una cara amica della madre (Plin. *ep.* 7.11.2). Su Corellia vd. Sherwin-White 1966: 417-418; Tellegen 1982: 124-126; Shelton 2013, 194-195, 197, 253-254, 256, 264, 279 e in partic. 199-203.

[29] Si trattava dei cinque dodicesimi di terreni ereditati da Plinio. In accordo con gli altri coeredi, l'intera proprietà doveva essere venduta unitariamente; tuttavia, dopo che l'asta era già stata annunciata, il liberto Hermes aveva provveduto a vendere separatamente la quota di Plinio: Plin. *ep.* 7.11.1; Sherwin-White 1966, 414-415; Tellegen 1982, 122-124; García Morcillo 2021, 81-82.

[30] Mantovani 2019; Mantovani 2021. Tra i vari casi di studio esemplari, vd. *e.g.* Plin. *ep.* 8.2.

[31] Plin. *ep.* 7.11.1-2: *C. Plinius Fabato Prosocero Suo. Miraris quod Hermes libertus meus hereditarios agros, quos ego iusseram proscribi, non exspectata auctione pro meo quincunce ex septingentis milibus Corelliae addixerit. Adicis hos nongentis milibus posse venire, ac tanto magis quaeris, an quod gessit ratum servem. Ego vero servo: quibus ex causis, accipe* [...].

[32] Sui risvolti economici dei legami di *amicitia* e patronato vd. su tutti Verboven 2002; sui rapporti amicali e la loro rappresentazione nell'epistolario di Plinio, Castagna 2003.

[33] L'ipotesi di Sherwin White 1966, 417 che gli appaltatori non riscuotessero in liquidi ma in terra che poi rivendevano non sembra supportata in alcun modo dal testo: Eck 1979, 143 n. 149 (= 1999, 148 n. 169). A influenzare il valore di mercato del terreno potrebbe essere intervenuto il provvedimento di Traiano menzionato in Plin. *ep.* 6.19.5-6: Sherwin White 1966, 415.

ereditaria[34]. A ogni modo, il passo sembra testimoniare la possibilità per gli esattori di rivolgersi direttamente all'acquirente[35].

Non è dato conoscere l'epilogo della vicenda, ovvero se Corellia abbia versato o meno a Plinio i 200.000 sesterzi che separano la quota pagata per il terreno dal suo prezzo di mercato. Almeno due punti meritano a ogni modo d'essere sottolineati. Da un lato è possibile notare una certa scaltrezza da parte della corrispondente di Plinio nella gestione delle proprie sostanze[36]. Nella misura in cui sia concesso desumere questo dato dall'epistolario pliniano, tale amministrazione appare peraltro condotta in un regime di sostanziale autonomia: nelle operazioni di compravendita non vengono menzionati né il marito della donna, ancora in vita al momento delle trattative, seppur privo della facoltà giuridica di interferire nell'amministrazione del patrimonio della moglie con ogni probabilità sposata *sine manu*[37], né un eventuale tutore[38]. Dall'altro emerge in modo inequivocabile il ruolo di Corellia quale contribuente nell'ambito della *vicesima hereditatium*[39].

3. Attestazioni di contribuenti nel *medium* epigrafico

Volgendo ora lo sguardo all'evidenza epigrafica, a titolo preliminare va detto che in termini quantitativi si tratta di una documentazione tutt'altro che cospicua. Il dato rispecchia una più ampia tendenza in base alla quale la *vicesima hereditatium* risulta associata per lo più ai funzionari che si sono occupati della sua esazione[40], mentre le attestazioni relative ai contribuenti – donne e uomini – risultano nel complesso esigue[41]. Concentrando l'attenzione sulle donne, basti rilevare che

---

[34] *Dig.* 18.4.1.16 (Ulp. 49 *ad Sab.*): *Si quid publici vectigalis nomine praestiterit venditor hereditatis, consequens erit dicere agnoscere emptorem et hoc debere: namque hereditaria onera etiam haec sunt. Et si forte tributorum nomine aliquid dependat, idem erit dicendum.* Sulla compravendita dell'eredità, vd. Marelli 2020, in partic. 136-139.

[35] Günther 2008, 60 e n. 323.

[36] Shelton 2013, 203. Sul ruolo economico delle donne citate nell'epistolario pliniano, vd. Guadagnucci 2016. In generale, in tema di capacità amministrative delle *matronae* dell'élite, vd. Vettori 2022, 227-278.

[37] L'uomo è menzionato tra i legatari nel *Testamentum Dasumii* (*FIRA* III^2 nr. 48, l. 20): Sherwin White 1966: 415. Se una moglie era *sui iuris* e sposata *sine manu*, il suo patrimonio era rigorosamente separato da quello maritale e gestito dalla *uxor* autonomamente: Gardner 1986, 71-74 e 74-78.

[38] Sull'assenza della figura del tutore nella corrispondenza pliniana, Tellegen 1982, 84. Sulla *tutela mulierum* vd. Morrell 2020.

[39] La questione è in realtà dibattuta dalla critica. Per Tellegen 1982, 125 l'imposta non sarebbe stata pagata da Corellia, bensì da Plinio, e la dama avrebbe invece acquistato la ventesima parte dei terreni ricevuti in eredità, detratta dai *publicani* come pagamento dell'imposta successoria. Tuttavia, non solo il dettato latino è inequivocabile, ma la possibilità del rimborso è prevista giuridicamente da *Dig.* 18.4.1.16 (Ulp. 49 ad Sab.).

[40] Sugli agenti preposti all'esazione, in Italia e in provincia, vd. Günther 2008, 59-81; Eck 2020a, 44-46. Sul valore fondamentale dei testi iscritti per comprendere i meccanismi di riscossione della *vicesima hereditatium*, Eck 2020b, 146.

[41] Per una ricognizione delle occorrenze delle formule relative alla *vicesima hereditatium* nella Betica e oltre, vd. Tolsa Domènech 2011.

una ricerca cursoria all'interno del database Clauss-Slaby restituisce una quarantina di iscrizioni in cui sono menzionate contemporaneamente *mulieres* e *vicesima hereditatium*; di queste, quasi tre quarti riguardano *tabularii, procuratores, arcarii* o *vilici vicesimae*[42]. Tra i rimanenti casi, tuttavia, si rintracciano almeno due esempi notevoli di contribuenti donne[43].

Il primo esempio, databile alla metà del II sec. d.C., proviene da *Nola* come testimonia l'iscrizione incisa sull'architrave posto all'ingresso del mercato cittadino[44].

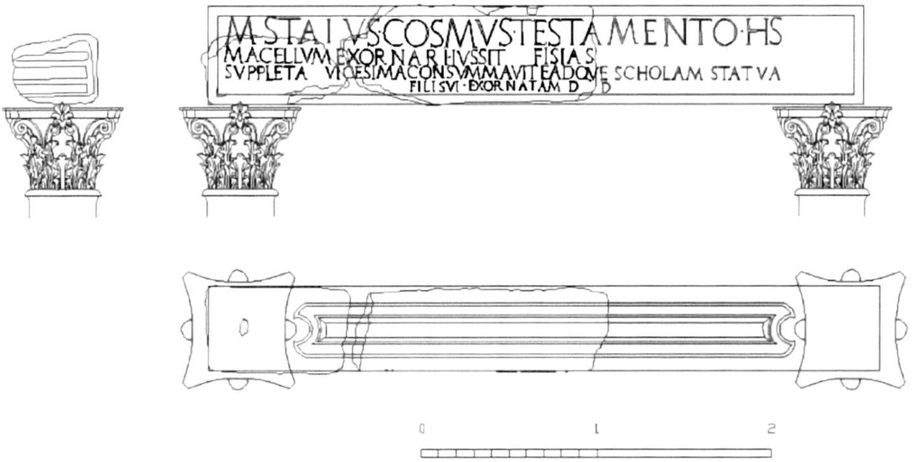

Fig. 1. Restituzione grafica dell'architrave iscritto posto all'ingresso del *macellum* di Nola (da Parma 2011, 450 © arch. De Luca).

A essere onorata in questo caso è la liberalità di un personaggio di probabile ascendenza libertina, *Marcus Staius Cosmus*[45], che aveva destinato una somma di denaro – non precisabile a causa di una lacuna del testo epigrafico – per correda-

[42] Si tratta di *CIL* II 1741 e 1742; *CIL* II 4186; *CIL* II/5, 780 e 782; *CIL* III 968; *CIL* III 1996; *CIL* III 4065; *CIL* III 14158; CIL VI 8443 (p 3458, 3889); *CIL* VI 8453a cfr. pp. 3458, 3889 = EDR160695 (G. Crimi); *CIL* IX, 6437; *CIL* X 7347 = EDR127506 (A. Fusco); *CIL* XI 1222 = EDR081079 (Ch. Gabrielli); *CIL* XII, 1926; *CIL* XI 7487; *CIL* XII 2396; *AE* 1952, 218; *AE* 1993, 313 = EDR000829 (G. Mazzini); *AE* 2003, 1933; *AE* 2006, 1292; *AE* 2016, 1557; *AE* 2017, 1115; *SupplIt* 28 (2016), 319-320 nr. 24 = EDR168247 (S. Ganzaroli); Cambi 2010, 168; Granino 2011, 285. *CIL* VI 38003 in realtà è incerta e potrebbe far riferimento alla *vicesima libertatis*.

[43] Cfr. anche *CIL* II 1951, da *Cartima*, dove l'erede di *L(ucius) Porcius Victor* è anonimo: Tolsa Domènech 2011, 191 nr. 7 e Navarro Caballero 2017, II, 411 nr. 73. Ignota è anche l'identità degli eredi in *CIL* II 964: Tolsa Domènech 2011, 190 nr. 1; Navarro Caballero 2017, II, 517 nr. 224.

[44] *CIL* IX 1169 = Parma 2011, 445 = EDR 116491 (A. Parma): *M(arcus) Staius Cosmus testa[mento]* ((*sestertium*)) [---] / *macellum exornari iussit Fisia S*[---] / *suppleta vicesima consummavit ead(em)qu[e scholam statua]* / *fili sui exornatam d(ono)* [*d(edit)*]. Cfr. *SupplIt*. 29, 2017, p. 117 (S. Evangelisti). Per l'attribuzione a Nola invece che ad *Aeclanum*, dove era stata rinvenuta, vd. Parma 2011; Camodeca 2012, 315 n. 19.

[45] Le origini libertine sono segnalate sia dall'assenza di patronimico che dal *cognomen* grecanico: Parma 2011, 448.

re di marmi e abbellire il *macellum* della città campana[46]. È la figura materna a dar corso alle volontà del figlio. *Fisia S*[---], liberta della *gens Fisia*[47] nonché erede e madre del defunto, non solo finanzia a proprie spese l'erezione di un monumento in memoria del figlio, verosimilmente una statua, ma destina ai lavori di ristrutturazione l'intero legato disposto per testamento, senza operare alcuna deduzione per il pagamento della *vicesima*, come pure aveva il diritto di fare: la donna integra infatti di propria tasca la spesa (*consummavit*), versando l'importo dovuto al fisco (*suppleta vicesima*).

Se la successione tra madre e figlio, almeno tra i cittadini di antica data, era esentata dal pagamento della tassa, beneficiaria del legato è in questo caso la città. *Coloniae* e *municipia*, che originariamente erano *incertae personae* e pertanto privi della facoltà di succedere, vedranno infatti via via riconosciuta la capacità di beneficiare di eredità e lasciti, diffusa in Italia forse già dall'età augustea ed estesa anche al resto delle *civitates* grazie ai provvedimenti di Nerva e poi di Adriano[48].

La seconda testimonianza, databile alla metà del II sec. d.C. o forse già alla seconda metà del I sec. d.C., proviene invece dalla Dalmazia ed è esposta in reimpiego nel muro della chiesa di San Nicola a Perast, nell'odierno Montenegro[49].

L'iscrizione monumentale posta su suolo pubblico ricorda uno dei personaggi più in vista dell'antica *Risinium*, centro che ottenne il titolo di *colonia* da Ottaviano prima del 27 a.C.[50]. Si tratta del cavaliere *Quintus Manlius Rufus*, della tribù Sergia, membro del senato locale e giudice delle cinque *decuriae* a Roma[51], nonché benefattore della città.

Fig. 2. Iscrizione monumentale di *Q. Manlius Rufus*. Da Martinović 2011, 289, nr. 1.

---

[46] Sulle decorazioni marmoree finanziate tramite atti evergetici vd. Gazzoli 2022.

[47] Dopo l'ingresso in senato avvenuto con i giulio-claudi, la famiglia raggiunge il rango consolare sotto Domiziano: Camodeca 2012, 313.

[48] *Tit. Ulp.* 22.5; oltre al classico Johnston 1985, vd. Russo 2019, 31-32. Sulle disposizioni testamentarie a beneficio delle città, Champlin 1991, 158-160.

[49] *CIL* III 1717 p. 1028: *Q(uintus) Manlius Q(uinti) f(ilius) Serg(ia) Rufus / dec(urio) iudex ex quinq(ue) decuriis equo publico / testamento fieri iussit / et epulo dedicari / in hoc opus Statia Sex(ti) f(ilia) Fida mater adiecit* ((*sestertium*)) *XXXV (triginta quinque milia) et summae operi et epulo relictae / XX fisco intulit* ((*sestertium*)) *XIII (tredecim milia) CC solo publico.* Martinović 2011: 38-39, nr. 1; Šašel Kos 2017, 175-176.

[50] Pelcer-Vujačić 2019, 110. Sullo *status* di *Risinium* vd. Šašel Kos 2017, 172-174.

[51] Il ruolo di giudice, riservato da Augusto a membri dell'*ordo equester*, era ritenuto piuttosto prestigioso, soprattutto da quanti erano entrati di recente a far parte dei cavalieri o aspiravano a farlo. Sull'istituzione della quinta decuria vd. Suet. *Cal.* 16.2.

Attraverso una disposizione testamentaria, *Manlius Rufus* aveva stabilito che si facesse costruire una non precisata opera (*opus*) e che, forse contestualmente alla sua inaugurazione, venisse offerto un banchetto (*epulum*). Un ruolo di rilievo nell'evergesia viene svolto dalla madre del defunto: *Statia Fida*, infatti, non solo aggiunge al lascito del figlio 35.000 sesterzi, ma si fa carico anche del pagamento dell'imposta di successione pari a 13.200 sesterzi[52]. Sulla base di questo dato, è possibile desumere che la somma lasciata da *Manlius Rufus* si attestasse sui 264.000 sesterzi e che, al di là delle incertezze relative alla specifica tipologia di edificio o monumento finanziato, l'intervento promosso congiuntamente da madre e figlio fosse nel complesso di proporzioni tutt'altro che modeste, sfiorando i 300.000 sesterzi[53].

Impossibile accertare in quale misura l'azione di queste donne sia frutto di un gesto spontaneo, l'esito di precise aspettative sociali oppure il portato di minuziose indicazioni testamentarie. Al netto della gravosità dell'imposta[54], assolvere gli oneri imposti dal testatore a proprie spese, compartecipando ad iniziative evergetiche capaci di dar lustro ai loro finanziatori, rappresentava senza dubbio un grande onore per l'erede[55]. Non è un caso che le integrazioni operate dalle eredi per il pagamento dell'imposta avvenissero nell'ambito di iniziative funzionali anche all'autopromozione, a livello personale e familiare.

Nella casistica finora considerata l'attenzione è stata rivolta alle contribuenti in senso stretto; tuttavia, è opportuno volgere lo sguardo anche alle occasioni in cui è il patrimonio imponibile a essere di origine femminile, ovvero ai casi in cui, più che procedere personalmente al versamento dell'imposta, le donne appaiono in veste di testatrici[56].

All'inizio del II sec. d.C. a *Cartima*, nella Betica, una ricca evergete locale, [*Vib*]*ia L*(*uci*) *f*(*ilia*) *Rusticana*, dona per testamento alla città una statua di Venere Augusta[57]. La benefattrice, che esplicita con fierezza le proprie origini, appartie-

---

[52] Vd. anche Tolsa Domènech 2011, 189 nr. 7. *Contra* Šašel Kos 2017, 176 e n. 15 che esclude, a mio avviso senza argomentazioni particolarmente stringenti, che la somma pagata da *Statia Fida* corrisponda alla *vicesima hereditatium* e individua nella menzione del fisco presente in *CIL* III 1717 un riferimento al fisco municipale. Per l'*aerarium militare* come «succursale del *fiscus*», De Ruggiero 1895, 308; sul punto, vd. anche Vassalli 1960, 49 n. 4: l'espressione *XX fisco intulit* indurrebbe a ritenere che la *statio XX hereditatium* a Roma fosse considerata soltanto come una sezione del fisco e che i proventi dell'imposta sulla successione non confluissero più nell'*aerarium militare* forse già con Claudio. *Contra* Corbier 1974, 702, secondo la quale la destinazione all'erario militare persistette senza soluzione di continuità fino al III sec. d.C.

[53] Donahue 2017, 156. Per alcuni confronti dall'Italia municipale e dall'Africa cfr. Duncan-Jones 1974, 90-99, 157-166.

[54] L'entità del carico fiscale nel mondo romano è un tema assai controverso in dottrina. Con generale riferimento alla tassazione romana d'età imperiale nel suo complesso, mi limito a segnalare Lo Cascio 2007, 622-625 e, da ultimo, Hollander 2022, il quale, adottando il paradigma della *Behavioural Economics*, insiste sull'opacità, l'incoerenza e la scarsa trasparenza del sistema.

[55] Catinelli 1886, 36.

[56] Sulla diffusione della prassi testamentaria anche fra le donne, vd. *infra*, § 4.

[57] *CIL* II 1952: *Veneri Aug*(*ustae*) / [*Vib*]*ia L*(*uci*) *f*(*ilia*) *Rusticana* / *Cartimitana test*/*amento poni iussit* / *huic dono her*(*editatium*) *XX* / *non deduxerun*(*t*) / [*e*(*pulo*)] *d*(*ato*) *d*(*ederunt*) *d*(*edicarunt*). Secondo Donahue 2004, 879 potrebbe trattarsi della stessa dama menzionata in *CIL* II 1153,

ne alla *gens Vibia*, una delle famiglie più in vista di *Cartima*. Gli anonimi eredi, adempiendo alle disposizioni di quest'ultima, non detraggono dal lascito il 5% dell'imposta di successione (*XX non deduxerunt*), offrendo altresì un banchetto (*epulo dato*).

In modo analogo agli eredi di *Vibia Risticana* si comportano pure quelli, anch'essi anonimi, di *Aponia Montana*, come testimonia un'epigrafe databile inizio del II sec. d.C. e proveniente dall'antica *Colonia Augusta Firma Astigi*, odierna Écija, sorta dove la *Via Augusta* intersecava il punto navigabile dell'antico *Singilis*, affluente del *Baetis*[58]. Tramite testamento l'illustre *matrona*, sacerdotessa ed evergete della colonia[59], dispone a nome proprio e del figlio – forse morto prima della madre – un legato alla città. Come denota il supporto dell'iscrizione, un piedistallo quadrangolare che originariamente doveva trovarsi nell'area del tempio principale della colonia, nell'ambito di un programma decorativo cui contribuiscono anche altre donne facoltose, il legato testamentario era finalizzato alla dedica di una statua d'argento di cento libbre, forse in onore di una divinità associata al culto imperiale locale. Gli eredi, anonimi e non necessariamente tutti uomini, optano per utilizzare l'intero lascito per l'iniziativa evergetico-commemorativa voluta da *Aponia*, senza detrarre, com'era lecito, l'importo della tassa di successione (*heredes XX non deduxerunt*)[60].

Infine, un'epigrafe da *Leptis Magna* ritrovata nell'area del Grande Ninfeo e risalente con ogni probabilità tra il 170 e il 193 d.C. si segnala per lo *status* particolarmente illustre della famiglia menzionata[61]. Fratello ed erede della defunta, nonché contribuente nell'ambito della *vicesima* è infatti *P. Settimius Geta*, padre del futuro imperatore Settimio Severo e membro dell'élite locale[62]. La zia di quest'ultimo, *Septimia Polla*[63], dispone per testamento di essere onorata con una statua postuma in argento, eretta su decreto del senato locale (*decreto splendidissimi ordinis*)[64].

---

che ha restaurato una dedica a Claudio iscritta nel 53 d.C. ed è la nuora di uno dei due promotori peregrini del monumento originale. Navarro Caballero 2017, II, 412-413 nr. 75.

[58] *CIL* II²/5 1166 = *CILA Se*, 696: *Aponia G(ai) f(ilia) Montana nomine Caesi Montani fili sui ex ar[g(enti)] / libris C testamento suo poni iussit her(edes) XX non ded(uxerunt)*; Navarro Caballero 2017, II, 384-385 nr. 35. In generale, sul fenomeno dell'evergetismo civico nella *Colonia Augusta Firma Astigi*, Melchor Gil 2005, 123-137.

[59] Per una seconda evergesia a opera di *Aponia* sul suolo cittadino, cfr. *CIL* II²/5 1162 = *CIL* II 1471 = *CILA Se*, 687.

[60] Cfr. *CIL* II²/5 1165, sempre da Écija dove gli eredi della liberta *Caecilia Trophime*, anche loro attenti ad assumersi i costi relativi al pagamento della *vicesima*, sono i patroni *D(ecimus) Caecilius Hospitalis* e *Caecilia D(ecimi) f(ilia) Materna* e la liberta *Caecilia Philete*.

[61] *IRT* 607 = *AE* 1950, 155 (prima del 193 d.C.): *Septimiae / Pollae L(uci) / Septimi Severi / IIvir(i) flam(inis) perp(etui) / fil(iae) P(ublius) Septimius / Geta her(es) sorori / sanctissimae / ex arg(ento) p(ondo) CXXXXIIII / (unciae) X s(emis) decreto / splendidissimi / ordinis posuit / ex testamento / eius huic dono / vicesimam et / arg(enti) p(ondo) IIII / (unciae) X s(emis) / amplius quam le/gatum est adiecit*. Hemelrijk 2015, 173 n. 202, 291 n. 56, 295 n. 68.

[62] *PIR*² S 455.

[63] Birley 1999², 214 nr. 10.

[64] Sulla statua, Murer 2017, 96-97, 109, 233 n. A93 e fig. 34 con i rilievi di Buccino 2021, 283 n. 13 in merito al contesto di ritrovamento.

A giudicare dall'altezza della base quadrangolare, pari a 1,50 m, doveva trattarsi di un'effigie imponente e piuttosto eccentrica. L'esecutore delle ultime volontà della donna è P. Settimio Geta, il quale integra con 4 libbre e 10 once e mezzo la quantità di metallo prezioso prevista dalla congiunta, pagando contestualmente la tassa di successione.

Le benefattrici agivano tramite le loro volontà testamentarie e precisavano con ogni probabilità sulla pietra se gli importi dei donativi menzionati erano da considerarsi lordi, oppure netti. Lo si evince dal dettato, privo di qualsiasi menzione al ruolo degli eredi, di un'epigrafe ascrivibile all'età di Traiano proveniente dall'antica *Iader*, reimpiegata nella seconda metà del '500 nella Porta marina di Zara.

Il testo iscritto sull'arco sepolcrale eretto in memoria del marito esplicita infatti che dai 600.000 sesterzi lasciati da *Melia Anniana* alla città per la pavimentazione dell'*emporium* e la costruzione di un arco ornato di statue dedicato al consorte era da detrarre la canonica percentuale del 5% – ovvero 20.000 sesterzi – necessaria per la *vicesima*, qui denominata *populi Romani*[65]. E lordo era anche il lascito effettuato alla fine del II sec. d.C. a *Narona*, in Dalmazia, da *Septimia Ursina*, come rivela la base di statua in calcare locale ritrovata nell'*Augusteum* della città[66]. Per commemorare la figlia *Settimia Lupula*, la donna aveva scelto di dedicare una statua di Venere, destinando 100 libbre d'argento alla realizzazione della statua; il metallo prezioso effettivamente impiegato, una volta detratta l'imposta, doveva dunque essere pari a 95 libbre e mezza.

4. Riflessioni generali

Al termine di questa cursoria disamina delle fonti, non resta che avanzare alcune considerazioni complessive.

Per quanto concerne la documentazione epigrafica, un primo elemento degno di nota è rappresentato dalla tipologia delle iscrizioni considerate. Se il personale addetto alla riscossione della *vicesima hereditatium* è menzionato anche da testi e monumenti afferenti all'ambito epigrafia sacra o funeraria[67], le contribuenti

---

[65] *CIL* III 2922 = *ILS* 5598: *Melia Anniana in memor(iam) Q(uinti) Laepici Q(uinti) f(ili) Serg(ia) Bassi mariti sui / emporium sterni et arcum fieri et statuas superponi test(amento) iuss(it) ex* HS DC (*milium*) *d(educta) XX p(opuli)* [*R(omani*). Vd. Tolsa Domènech 2011, 188 nr.3; Karković Takalić 2015, 56-57. Per la denominazione di *vicesima populi Romani* vd. *CIL* II 964; Corbier 1974, 702 e n. 3.

[66] Marin, Mayer, Paci 2020, 113 nr. 41: *Veneri Aug(ustae) / sacr(um) / in memoriam / Septimiae Lupu/lae ex testamen/to Septimiae Ur/sinae matris de/tracta XX ex li/bris LXXXXV* s(*emis*) / *P(ublius) Umbrius Saturni/nus heres posuit*. Per un puntuale commento al testo, corredato di foto e di ampia bibliografia precedente, vd. Marin, Mayer, Paci 2020, 114-116.

[67] A questo proposito, con riferimento alla *vicesima hereditatium* oltre che alla *vicesima libertatis*, si veda il saggio di Sven Günther in questo volume. Una discriminante fondamentale è naturalmente rappresentata dallo *status* degli agenti della riscossione: mentre il personale di estrazione libertina o schiavile appare associato esclusivamente a contesti funerari o votivi, i procuratori di

si rintracciano in iscrizioni onorarie e monumentali, esposte in luoghi particolarmente in vista della città e volte a segnalare pubblicamente un esborso significativo, destinato a incidere in modo notevole sulla fisionomia del paesaggio urbano[68]. Da questo punto di vista, quelle attestate epigraficamente sono senza dubbio delle contribuenti straordinarie: al di là dell'entità dei loro interventi, che poteva naturalmente variare anche a seconda dello *status* sociale delle benefattrici, non può passare inosservata la ricchezza di queste donne, capaci di rendersi promotrici di iniziative evergetiche in prima persona o di dar corso con opportune integrazioni a quelle predisposte dai e dalle loro familiari.

Tuttavia, a mio avviso, queste testimonianze rappresentano solo le attestazioni più macroscopiche di un fenomeno, quello del coinvolgimento delle donne nella fiscalità relativa alla *vicesima*, diffuso a livello più ampio. Come aveva già osservato Klingenberg nel suo contributo del 1983:

> Bei dieser Steuer ist bezüglich des Geschlechtes keinerlei Unterscheidung zu beobachten: Männer und Frauen waren ihr in gleicher Weise unterworfen; sie erfasste Nachlässe nach männlichen und weiblichen Erblassern. Dazu ist zu bedenken, dass im Prinzipat die Zahl jener Frauen, die *sui iuris* sind, auf Grund der Entwicklung im Privatrecht bedeutend zunimmt und daher auch häufig Frauen als Trägerinnen oft grosser Vermögenswerte begegnen: eine Fiskalpolitik, die diesen Umstand nicht berücksichtigt hätte, wäre auf die Dauer nicht vertretbar gewesen[69].

Nonostante i tentativi promossi a livello legislativo per limitarla[70], la ricchezza femminile costituiva a Roma un dato di fatto e non deve certo stupire che, per far fronte alle ingenti spese necessarie al pagamento dei premi di congedo dei veterani, il *princeps* abbia incluso anche le donne tra le destinatarie dell'imposta. Come hanno evidenziato anche recenti studi di demografia storica, il cambiamento intervenuto nella prassi matrimoniale, che aveva condotto a una progressiva diffusione delle unioni cosiddette *sine manu* – ritenuta pressoché generale in età augustea –, si era tradotto in un sensibile aumento del nume-

---

rango equestre sono di norma menzionati in iscrizioni onorarie. Ringrazio Davide Trivellato per le generose indicazioni.

[68] Il panorama degli studi in tema di evergetismo femminile negli ultimi decenni è andato a tal punto arricchendosi da renderne proibitiva una rassegna esaustiva. Su tutti, si veda Hemelrijk 2015. Sulle evergesie 'al femminile' disposte per testamento, cfr. Vettori 2022, 219-224.

[69] Klingenberg 1983, 144-155: «In relazione a questa imposta non si può osservare alcuna distinzione di genere: uomini e donne ne erano soggetti allo stesso modo; riguardava i beni ereditari di testatori maschi e femmine. Va ricordato che nel Principato il numero di donne *sui iuris* aumentò in modo significativo a causa dello sviluppo del diritto privato, e quindi le donne si trovavano di frequente a essere titolari di patrimoni spesso ingenti: una politica fiscale che non tenesse conto di questa circostanza non sarebbe stata sostenibile sul lungo periodo».

[70] Si pensi per esempio alla *lex Voconia*, varata nel 169 a.C. e volta a limitare la capacità delle donne di essere istituite eredi e a ricevere a titolo particolare per testamento. Sul plebiscito si veda da ultima McClintock 2022, con ampia bibliografia.

ro delle donne *sui iuris*, ovvero non soggette né alla *potestas* del *paterfamilias* né a quella del marito e pertanto titolari in prima persona di patrimoni più o meno consistenti[71].

A ogni modo, il solo il fatto di essere *sui iuris* non implicava automaticamente che una donna rientrasse nel novero delle contribuenti. In altre parole, occorre una doverosa cautela sia nello stabilire una correlazione diretta tra l'aumento delle donne titolari di patrimoni e la loro partecipazione al sistema contributivo[72], sia rispetto alle proporzioni del fenomeno, di necessità oggetto solo di ipotesi di carattere speculativo.

Innanzitutto, non possono trascurarsi i fattori che potevano intervenire a limitare il numero effettivo dei patrimoni femminili imponibili. Per quanto riguarda la successione *ab intestato*, rara ma comunque vigente e soggetta anch'essa all'applicazione della *vicesima*, avrà nella maggior parte dei casi interessato i parenti più stretti, senza esiti rilevanti ai fini della contribuzione[73]. A ogni modo, se si tiene conto dell'incoraggiamento promosso dalla *lex Iulia de vicesima hereditatium*, attraverso opportuni incentivi e penalizzazioni, verso un'apertura pubblica dei testamenti, i soggetti sottoposti all'esazione dovevano essere innanzitutto eredi e legatari[74]. Sotto questo profilo, come testimonia la stessa *lex Voconia*, è innegabile che per l'ordinamento romano, strutturato in base al principio dell'*adgnatio*, la linea di successione privilegiata fosse quella maschile e che il titolo di erede fosse, ove possibile, assegnato in via preferenziale agli uomini[75]. Quand'anche nominate, le donne dovevano afferire per lo più alla ristretta cerchia delle congiunte e risultare pertanto esenti dal pagamento della tassa[76]; l'unica circostanza in cui si trovavano a rivestire il ruolo di contribuenti era nell'evenienza di lasciti testamentari a beneficio della città, quando, su espressa indicazione del testatore o della testatrice o di propria iniziativa, potevano sobbarcarsi il pagamento dell'imposta di successione gravante sulle somme destinate alle evergesie civiche.

---

[71] Hin 2013, 284-286. Sul possibile utilizzo delle dichiarazioni censitarie a fini fiscali vd. Hin 2013, 268-271.

[72] Lo ammette anche Hin 2013, 286. Scettico rispetto all'ipotesi che il valore di lasciti e legati fosse calcolato a partire dai dati del censo Eck 1979, 143 (= 1999, 148). In realtà i *vectigalia* si distinguevano dai *tributa* proprio perché i loro proventi non potevano essere determinati in anticipo sulla base delle liste censitarie: Günther 2008, 14-21.

[73] Eck 1979, 141 (= 1999, 146). Secondo Champlin 1991, 45; Stern 2000; Günther 2008, 40-42; Humbert 2010, 864, soprattutto nel caso dei ceti possidenti, la successione *ab intestato* interveniva con ogni probabilità a regolare solo casi residuali e la proprietà veniva trasmessa precipuamente per via testamentaria.

[74] In particolare, la *lex vicesima hereditatium* incentivava l'apertura dinanzi dei testamenti: Paul. *Sent.* 4.6.2; Günther 2008, 41, 55.

[75] *Dig.* 50.16.195.5 (Ulp. 46 *ad ed.*): *Mulier autem familiae suae et caput et finis est.* Sulla posizione preferenziale accordata ai figli maschi nella distribuzione del patrimonio familiare, vd. Gardner 1986, 164; Corbier 1990, 240; McClintock 2022, 47-48. Cfr. Pölönen 2002. Si tratta di un principio destinato a scontrarsi con la realtà demografica del mondo antico. Sull'inclusione delle donne nel sistema ereditario romano, vd. Vettori 2022, 155-164, con ulteriori riferimenti bibliografici.

[76] Per un'importante eccezione sul punto, vd. *infra*, in questo paragrafo.

Più numerose delle eredi dovevano potenzialmente essere quante avranno versato la *vicesima* in qualità di legatarie[77]. Lo stesso dettato del plebiscito voconio, pur vietando ai testatori appartenenti alla prima classe di censo di conferire il titolo di *heres* a una donna, contemplava la possibilità per quest'ultima di ricevere in legato una quantità di ricchezza davvero cospicua, purché inferiore a quella assegnata all'erede[78]. Anche la legislazione matrimoniale di Augusto, poi, limitando fortemente la capacità di ricevere per testamento di celibi e nubili e poi anche di *orbi* e *orbae*, presupponeva una piena partecipazione delle donne nelle dinamiche della trasmissione testamentaria non solo in qualità di eredi ma anche di beneficiarie di legati[79]. Se nell'ambito di iniziative evergetiche l'erede designato poteva nutrire un certo interesse a farsi pubblicamente carico dell'onere dell'imposta, nelle dinamiche ordinarie della successione è verosimile che legatari e legatarie provvedessero da sé a versare la *vicesima* relativa alla propria quota ereditaria. Ma con quale frequenza si assegnavano legati a donne esterne alla cerchia delle parenti più prossime, le uniche soggette all'imposta? Pur non disponendo di evidenze conclusive, e pur non escludendo affatto che le donne potessero rientrare in quei meccanismi di circolazione 'orizzontale' della ricchezza, non doveva trattarsi di un'evenienza troppo frequente[80]. Un certo ruolo avrà giocato anche lo *status* coniugale della destinataria del lascito: lasciare un legato utile a dotare una giovane fanciulla, oppure beneficare una rispettabile *matrona* vedova di lungo corso era cosa ben diversa rispetto all'assegnare parte delle proprie sostanze a una donna sposata[81].

Tuttavia, fatte salve le riflessioni appena esposte, altri elementi potrebbero indurre ad allargare la platea delle contribuenti. In primo luogo, non è chiaro se all'interno delle esenzioni previste dalla normativa possa annoverarsi la successione marito-moglie, oppure, al contrario, se quest'ultima fosse soggetta a contribuzione[82]. La moglie sposata *sine manu*, infatti, non era legata al marito da alcun rapporto di parentela e la sua immunità fiscale rispetto al pagamento della *vicesima* risulta dunque tutt'altro che scontata. Com'è noto, gli spostamenti di ricchezza tra famiglie rappresentavano una questione molto delicata per l'ordinamento romano e la stessa legislazione matrimoniale varata da Augusto conferiva ai coniugi la *libera testamenti factio* nella loro successione reciproca solo in presenza di

---

[77] Per la tesi che l'esclusione dal titolo di erede non implicasse necessariamente una discriminazione in termini finanziari per le donne, dati gli oneri posti in capo all'erede, vd. Pölönen 2002.

[78] Gai 2.224 con McClintock 2022, 38-42.

[79] Gai 2.286a; Cass. Dio 54.14.1 e 56.; Spagnuolo Vigorita 2010³. Per un'analisi in prospettiva di genere della *lex Iulia de maritandis ordinibus* e della *lex Papia Poppaea*, Vettori 2020, 36-55.

[80] Sul punto, Champlin 1991, 131-154; Pölönen 2002, 176.

[81] Un indizio in questo senso, pur nei modi paradossali tipici del genere declamatorio, si rintraccia in Sen. *contr.* 2.7, dove l'eredità ricevuta da un *extraneus*, nello specifico il vicino di casa – un *mercator* che aveva tentato di sedurla – costa alla protagonista del tema declamatorio nientemeno che l'accusa di adulterio.

[82] Ricomprende marito e moglie tra le *exceptae personae* Gardner 2001, 214. Più prudente McGinn 2008, 8 n. 42, che ravvisa in tal senso un'incongruenza con la *lex Iulia et Papia*.

figli in comune, ideali destinatari dei beni paterni e materni[83]. Dato che l'uso di nominare la moglie superstite quale co-erede insieme a figli e figlie o nipoti, come legataria, oppure, in assenza di prole, anche come unica erede unica trovava una certa diffusione a Roma[84], se si accoglie l'ipotesi che la *uxor* non *in manu* non godesse dell'esenzione, bisognerebbe assumere che il fenomeno delle contribuenti fosse di portata più vasta.

In secondo luogo, dal *Panegirico* di Plinio emerge come il regime preferenziale menzionato da Cassio Dione e riservato ai familiari stretti dovesse applicarsi solo ai cittadini e alle cittadine di antica data: i *novi cives*, coloro che avevano ottenuto la cittadinanza di recente per concessione imperiale o *iure Latii* erano infatti privi dei *cognationis iura* ed erano gravati dall'imposta anche nella trasmissione dei beni all'interno della famiglia[85]. Prima degli interventi decisivi di Nerva e Traiano[86], le contribuenti dovevano quindi essere un numero significativo nei territori extra-italici e colpita in modo particolarmente gravoso doveva essere soprattutto la successione reciproca tra madri e figli. Sotto questo profilo, le innovazioni introdotte dalla cancelleria imperiale avrebbero costituito una fondamentale premessa verso la valorizzazione del legame cognatizio tra madri e figli in ambito ereditario sancita ufficialmente dai *senatusconsulta* Tertulliano e Orfiziano[87].

Infine, la documentazione ha palesato la necessità di non limitare le nostre considerazioni in modo esclusivo alle sole beneficiarie dirette di eredità e legati. Da un lato, la mancata menzione a livello testamentario non precludeva a una donna di poter rientrare nel sistema impositivo anche successivamente, per esempio in veste di acquirente nell'ambito della compravendita dei beni ereditari. Il dato traspare a chiare lettere dalla vicenda di Corellia, peraltro un ottimo esempio di fles-

---

[83] *Tit. Ulp.* 16.1a.

[84] Per la moglie come co-erede assieme a figli e figlie o nipoti vd. *e.g.* Suet. *Aug.* 101; Tac. *Agr.* 43.4; *Dig.* 28.6.43.2; *Dig.* 31.87.4; Dig. 31.89pr.; *Dig.* 31.89.3; *Dig.* 32.1.41pr.; *Dig.* 32.1.41.7; *Dig.* 33.1.21.2; *Dig.* 33.5.21; *Dig.* 34.1.16.3; per la moglie come erede vd. *e.g. Dig.* 31.77.12; *Dig.* 33.1.13.1; *Dig.* 31.88.16; *Dig.* 32.42; *Dig.* 36.2.31. La moglie appare come legataria *e.g.* in Plin. *ep.* 8.18.8; *Dig.*31.30.5; *Dig.* 33.1.10.2; *Dig.* 35.1.100; *Dig.* 33.5.22; *Dig.* 34.2.43.1.

[85] Plin. *pan.* 37.1-3: *Onera imperii pleraque vectigalia institui ut pro utilitate communi, ita singulorum iniuriis coegerunt his vicesima reperta est, tributum tolerabile et facile heredibus dumtaxat extraneis, domesticis grave. Itaque illis irrogatum est, his remissum, videlicet quod manifestum erat, quanto cum dolore laturi seu potius non laturi homines essent destringi aliquid et abradi bonis, quae sanguine, gentilitate, sacrorum denique societate meruissent, quaeque numquam ut aliena et speranda, sed ut sua semperque possessa ac deinceps proximo cuique transmittenda cepissent. Haec mansuetudo legis veteribus civibus servabatur: novi, seu per Latium in civitatem seu beneficio principis venissent, nisi simul cognationis iura impetrassent, alienissimi habebantur, quibus coniunctissimi fuerant.* Per un'accurata esegesi dell'espressione *cognationis iura*, vd. Marotta 2021, 122-123.

[86] Plin. *pan.* 37.4: *ita maximum beneficium vertebatur in gravissimam iniuriam, civitasque Romana instarerat odii et discordiae et orbitatis, cum carissima pignora salva ipsorum pietate distraheret*; Sui passi del panegirico pliniano e sul loro apporto alla costruzione dell'ideologia imperiale, Manolaraki 2015; Perilli 2016.

[87] Sul punto, Günther 2020, 120-121; Marotta 2021, 123. Per l'impossibilità per un figlio di succedere *ab intestato* alla madre, *Tit. Ulp.* 26.7.

sibilità del sistema di riscossione[88]. Al di là della posizione di indubbio vantaggio che il legame amicale con Plinio aveva garantito a Corellia, altre donne potrebbero aver agito da acquirenti di beni ereditari e essersi trovate in posizione analoga o simile a quella vissuta dalla corrispondente e amica di Plinio[89].

Dall'altro, nella valutazione del coinvolgimento femminile nella fiscalità antica, vanno considerate anche le occasioni in cui le donne si trovavano ad operare in qualità di agenti della trasmissione e dunque come testatrici[90]. Se è indubitabile che esistessero fortissime aspettative sociali affinché la trasmissione dei patrimoni, soprattutto muliebri, avvenisse all'interno della ristretta cerchia dei familiari – una pratica incoraggiata dallo stesso *princeps* attraverso la *lex Iulia* e la *lex Papia Poppaea* e destinata a trovare ulteriore impulso nell'istituto della *querela inofficiosi testamenti*[91] – previo consenso del tutore[92], grazie al testamento la ricchezza poteva essere fatta circolare anche a livello extra-familiare, con un impatto notevole sulla costruzione di alleanze clientelari e politiche[93]. Secondo una recente ipotesi, tra le motivazioni storiche alla base della *lex vicesima hereditatium* ci sarebbe proprio la volontà di Augusto di togliere all'élite – e ai possibili oppositori – uno dei mezzi tradizionali per stringere reti di rapporti[94]. Le donne, naturalmente, erano tutt'altro che escluse da questa forma di circolazione della ricchezza, funzionale al consolidamento delle relazioni di *amicitia* e patronato. Lo dimostra in modo piuttosto vivido la narrazione dei funerali di *Iunia Tertia* riportata da Tacito, nel terzo libro degli *Annales*[95]. Sorellastra di Bruto e moglie di Cassio, nel 42 a.C., dopo la sconfitta della fazione repubblicana a Filippi e il suicidio del marito, la trentunenne *Iunia* diviene una *vidua* senza figli; muore sessantaquattro anni dopo, all'età di 95 anni, sotto il regno di Tiberio[96]. Nel proprio testamento la donna distribuisce la propria cospicua ricchezza (*magnae opes*) a tutti i patrizi, tralasciando però l'imperatore. Al di là dell'indubbia valenza po-

---

[88] Eck 1979, 143 (= 1999, 148).

[89] Sul punto, vd. *supra*, § 2. Per l'età repubblicana, vd. *e.g.* Cic. *Caecin.* 15-16, dove Cesennia acquista un fondo tramite l'intermediario Ebuzio.

[90] Vettori 2022, 169-174. Per una rassegna dei testamenti femminili attestati epigraficamente, con peculiare riferimento alle élites senatoria, equestre e decurionale, vd. Vettori 2022, 213-224.

[91] Sulla legislazione matrimoniale augustea come elemento Wallace Hadrill 1981; sulla *querela inofficiosi testamenti*, Gardner 1986, 183-190; Gagliardi 2017.

[92] Oltre all'assenso del tutore, dal quale era esentata in presenza del *ius trium* o *quattuor liberorum* introdotto nell'ambito della legislazione matrimoniale di Augusto (Gai. 1.145; *Tit. Ulp.* 29.6), tra i requisiti giuridici indispensabili affinché una cittadina libera o liberta in età pubere potesse redigere liberamente testamento era necessaria anche una completa rescissione dei legami con la famiglia d'origine: Vettori 2022, 166-169.

[93] Sulle aspettative sociali legate alle menzioni testamentarie, Wallace-Hadrill 1981, 66-70; Hopkins 1983, 235-247; Verboven 2002, 206-220; Jehne 2016, 199-200.

[94] Günther 2019.

[95] Tac. *Ann.* 3.76: *Et Iunia, sexagesimo quarto post Philippensem aciem anno, supremum diem explevit, Catone avunculo genita, C. Cassii uxor, M. Bruti soror. Testamentum eius multo apud vulgum rumore fuit, quia in magnis opibus cum ferme cunctos proceres cum honore nominavisset Caesarem omisit.* Sull'episodio, vd. da ultimi Webb, Brännstedt 2023, 78.

[96] *PIR*^{2} I 865.

litica tanto del funerale quanto delle scelte testamentarie di *Iunia*, un vero e proprio affronto a Tiberio[97], dal passo tacitiano traspare un ulteriore elemento degno di nota: *Iunia* destina le proprie ricchezze a una cerchia così ampia di beneficiari solo perché vedova e priva di figli[98].

In questa tensione tra protezione della stabilità patrimoniale della famiglia e degli eredi di sangue e valorizzazione dei legami amicali e clientelari, si collocano le testimonianze epigrafiche relative alle testatrici. Benché non tutte le donne lasciassero le loro ricchezze ai familiari più stretti e il pagamento della *vicesima* da parte di eredi, legatari e legatarie dovesse avere una certa diffusione, ci è consentito rintracciarlo solo nei casi eccezionali in cui la liberalità delle cittadine era rivolta a un *extraneus* del tutto peculiare, ovvero la città[99]. Invece di rimettere la decisione alla discrezionalità dell'erede o degli eredi, puntuali indicazioni in merito al versamento della *vicesima hereditatium* potevano già essere esplicitate tra le ultime volontà delle testatrici: nell'intento di disporre con quanta più precisione possibile delle proprie sostanze, esse dimostravano così una piena consapevolezza dei meccanismi di funzionamento della fiscalità coeva, nella quale erano coinvolte a tutti gli effetti.

Di recente David Hollander ha sottolineato l'opacità del sistema di tassazione antico[100]. Il campione di testimonianze considerate è senza dubbio insufficiente e riguarda una porzione minoritaria e privilegiata del corpo civico; tuttavia, non sembra che le sue affermazioni possano applicarsi *in toto* alla *vicesima hereditatium*, i cui meccanismi sembrano al contrario ben noti almeno a benefattori e benefattrici attestati dalle iscrizioni e che, come si è già avuto modo di rilevare, più che vessati dall'imposizione, sembrano orgogliose e orgogliosi di rivendicare il loro ruolo di contribuenti o quello di scrupolosi esecutori o esecutrici.

Nel 66 a.C., perorando dinanzi all'assemblea popolare la necessità di affidare a Pompeo il comando unico contro Mitridate, che aveva di fatto paralizzato l'intero sistema di riscossione in Asia, Cicerone sottolinea l'importanza cruciale delle imposte provinciali per la sussistenza dello stato romano e, metaforicamente, non esita a definire i *vectigalia* il nerbo della *res publica*[101]. Tra i *vectigalia* riscossi tra i cittadini dell'impero, la *vicesima hereditatium* rappresenta il più rilevante e il più studiato dalla critica. Al netto dei limiti della documentazione in nostro possesso – che impedisce di trarre affermazioni conclusive tanto sulla proporzione delle contribuenti nell'ambito dell'imposta su eredità e legati quanto sull'entità del gettito da loro versato – e dalla specificità statutaria assegnata dall'ordinamento

[97] Woodman, Martin 2004, 497-498.

[98] Sul punto, Pölönen 2002, 175.

[99] Champlin 1992, 902-903; Vettori 2022.

[100] Hollander 2022, 62: «Most Roman subjects probably shared our ignorance of the rates and regulations governing imperial taxation. Leaving aside the issue of literacy, sometimes the information was not made publicly available».

[101] Cic. *Leg. Man.* 17.

al sesso femminile[102], l'epistolario pliniano e le testimonianze epigrafiche considerate lasciano intravedere come il contributo delle donne al sistema fiscale non possa essere trascurato e come quello tra la storia delle donne e la storia della fiscalità nel mondo antico possa rivelarsi un dialogo più fruttuoso di quanto non sia stato finora rilevato.

Bibliografia

Benoit D., 2012, De vicesima hereditatium. *Étude d'un vectigal romain: l'impôt du vingtième sur les successions et les legs d'Auguste à Dioclétien*, Master's Thesis, Université de Neuchâtel.

Birley A.R., 1999², *Septimius Severus: The African Emperor*, New York (London 1971).

Blicharz G., 2021, *Inheritance Tax and the Poor: the Augustan Exemption, Germany in 1920s, and Modern Spanish Law*, «Jus», 68/4, 68-85.

Brunt P.A., 1971, *Italian Manpower 225 B.C.–A.D. 14*, Oxford.

Buccino L., 2021, *Le statue iconiche femminili di Leptis Magna. Contesti e funzione, produzione e recezione dei tipi statuari in ambito privato*, in J. Lipps, M. Dorka Moreno, J. Griesbach (edd.), A*ppropriation Processes of Statue Schemata in the Roman Provinces*, Wiesbaden, 281-308.

Cagnat R., 1882, *Étude historique sur les impôts indirects chez les Romains jusqu'aux invasions des barbares*, Paris.

Cambi N., 2010, *Die Sarkophage der lokalen Werkstätten im römischen Dalmatien (2. bis 4. Jh. n. Chr.)*, Split.

Cambria C., 2009, 'Res parva' magistro dicata, in C. Russo Ruggeri (ed.), *Studi in onore di Antonino Metro*, I, Milano, 335-354.

Camodeca G., 2012, *Nola: vicende sociali e istituzionali di una colonia romana da Silla alla tetrarchia*, in L. Lamoine, C. Berrendonner, M. Cébeillac-Gervasoni (edd.) *Gérer les territoires, les patrimoines et les crises*, Clermont-Ferrand, 295-328.

Cantarella E., 1981, *L'ambiguo malanno*, Milano.

Cantarella E., 1989, *La vita delle donne*, in E. Gabba, A. Schiavone (edd.), *Storia di Roma 4. Caratteri e morfologie,* Torino, 557-608.

Cantarella E., 1996, *Passato prossimo. Donne romane da Tacita a Sulpicia*, Milano.

Carlà F., Marcone A., 2011, *Economia e finanza a Roma*, Bologna.

Carlsen J., 2021, *Cassius Dio's Roman Economic History*, in J.M. Madsen, C.H. Lange (edd.), *Cassius Dio the Historian: Methods and Approaches*, Leiden–Boston, 388-405.

Castagna L., 2003, *Teoria e prassi dell'amicizia in Plinio il Giovane*, in L. Castagna, E. Lefèvre (edd.), *Plinius der Jüngere und seine Zeit,* München–Leipzig, 145-172.

Catinelli C., 1886, *Imposta sulle successioni nel diritto romano*, «Studi e Documenti di Storia e Diritto», 6, 35-47.

Champlin E., 1991, *Final Judgments: Duty and Emotions in Roman Wills (200 B.C.-A.D. 250)*, Berkley.

Champlin E., 1992, *Death and Taxes: the Emperor and Inheritance*, «SIFC», 10/2, 899-905.

[102] Fondamentale sul punto Thomas 1990.

CENERINI F., 2002, *La donna romana. Modelli e realtà*, Bologna.

CICCOTTI E., 1921, *Lineamenti dell'evoluzione tributaria nel mondo antico*, Milano.

CORBIER M., 1974, *L'*aerarium Saturni *et l'*aerarium militare. *Administration et prosopographie sénatoriale*, Rome.

CORBIER M., 1977, *L'*aerarium militare, in, A. Chastagnol, C. Nicolet, H. van Effenterre (edd.), *Armées et fiscalité dans le monde antique.* Actes du colloque national (Paris, 14-16 octobre 1976), Paris, 197-234.

CORBIER M., 1985, *Idéologie et pratique de l'héritage (Ier siècle av. J.-C. IIe ap. J.-C.)*, in «Index», 13, 501-528; 648-650.

DE RUGGIERO E., 1895, s.v. *Aerarium (militare)*, in *Dizionario Epigrafico di Antichità Romane*, I, 308-309.

DONAHUE J.F., 2004, *Iunia Rustica of Cartima: Female Munificence in the Roman West*, «Latomus», 63/4, 873-891.

DONAHUE J.F., 2017^{2}, *The Roman at Table during the Principate*, Ann Arbor (Ann Arbor 2004).

DUNCAN-JONES R., 1974, *The Economy of the Roman Empire. Quantitative Studies*, Cambridge.

EBERLE L.P., 2021, *Fiscal Semantics in the Long Second Century: Citizenship, Taxation, and the* Constitutio Antoniniana, in M. Lavan, C. Ando (edd.), *Roman and Local Citizenship in the Long Second Century CE*, Oxford, 69-100.

ECK W., 1979, *Die staatliche Organisation Italiens in der hohen Kaiserzeit*, München (= Id., 1999, *L'Italia nell'impero romano. Stato e amministrazione in epoca imperiale*, Bari).

ECK W., 2020a, *Organisation der Steuer- und Abgabenerhebung in Gallien und Germanien von Augustus bis ins 3. Jh. n.Chr. - Ihr Reflex in den epigraphischen Zeugnisse*, in SORACI 2020, 35-49.

ECK W., 2020b, *Conclusioni*, in SORACI 2020, 145-153.

FRANCE J., 2009, *L'impôt provincial dans l'Occident romain à travers l'exemple de l'Aquitaine et de l'Hispanie septentrionale*, in F. Hurlet (ed.), *Rome et l'Occident (IIe siècle av. J.-C. - IIe sicèle ap. J.-C.). Gouverner l'Empire*, Rennes 141-187.

FRANK T., 1940, *An Economic Survey of ancient Rome*, V. *Rome and Italy*, Baltimore.

GAGLIARDI L., 2017, *Studi sulla legittimazione alla querela inofficiosi testamenti in diritto romano e bizantino*, Milano.

GARCÍA MORCILLO M., 2020, Hasta infinita? *Financial Strategies in the Triumviral Period*, in F. Pina Polo (ed.), *The Triumviral Period: Civil War, Political Crisis and Socioeconomic Transformations*, Sevilla–Zaragoza 379-397.

GARCÍA MORCILLO M., 2021, *Managing Uncertainty and Asymmetric Information in Roman Auctions*, in C. Rosillo-López, M. García Morcillo (edd.), *Managing Information in the Roman Economy*, Cham, 61-88.

GARDNER J.F., 2001, *Nearest and Dearest: Liability to Inheritance Tax in Roman Families*, in S. Dixon (ed.), *Childhood, Class and Kin in the Roman World*, London–New York, 205-220.

GAZZOLI S., 2022, Marmore Ornare. *Esempi di evergetismo nelle città dell'Italia Romana*, «AHB», 36/3-4, 120-144.

GILLIAM J.F., 1952, *The minimum subject to the* vicesima hereditatium, «AJPh», 73/4, 397-405.

GIRARDIN M., 2023, *Femmes contribuables de la Judée romaine*, «Clio», 57/1, 277-292.

Granino M.G., 2011, *Nuovi dati sulla* vicesima hereditatium *da un documento epigrafico nel territorio aricino*, in G. Ghini (ed.), *Atti del Settimo Incontro di Studi sul Lazio e la Sabina, (Roma, 9-11 marzo 2010)*, Roma, 283-288.

Guadagnucci A., 2016, *Il ruolo economico delle amiche di Plinio*, in R. Berg (ed.), *The Material Sides of Marriage. Women and Domestic Economies in Antiquity*, Rome, 139-144.

Günther S., 2007, *Das Regelungswerk der* lex <Iulia de> vicesima hereditatium *und seine Modifikationen in späterer Zeit*, in S. Günther, K. Ruffing, O. Stoll (edd.), Pragmata. *Beiträge zur Wirtschaftsgeschichte der Antike im Gedenken an Harald Winkel*, Wiesbaden, 74-88.

Günther S., 2008, Vectigalia nervos esse rei publicae. *Die indirekten Steuern in der römischen Kaiserzeit von Augustus bis Diokletian*, Wiesbaden.

Günther S., 2019, *Augustus, The Inheritance Tax, And Elite Networks*, in C. Sode, S. Günther, Qiang Li, S. Wahlgren, Qiang Zhang (edd.), *Byzantium in China*. Studies in Honour of Professor Xu Jialing on the Occasion of her Seventieth Birthday, Changchun, 1-11.

Günther S., 2015, *Financing the Civil Wars – The Case of Duties and Taxes*, «MBAH», 33, 213-227.

Günther S., 2020, Beneficium in iniuriam vertitur? *The Impact of New Citizens on Roman Family Law in the Second Half of the First Century AD: A Case-Study of the Spanish Municipal Statutes*, in «中央史論 - Chung-Ang Saron», 51, 91-131.

Hemelrijk E.A., 1987, *Women's Demonstrations in Republican Rome*, in J. Blok, P. Mason (edd.), *Sexual Asymmetry. Studies in Ancient Society*, Amsterdam, 217-240.

Hin S., 2013, *The Demography of Roman Italy*, Cambridge.

Hollander D.B., 2022, *Opaque, Inconsistent, and Unfair. Some Remarks on the Burden of Roman Taxation during the Principate*, in T. R. Blanton IV, A. Choi, J. Liu (edd.), *Taxation, Economy, and Revolt in Ancient Rome, Galilee, and Egypt*, London/New York, 59-71.

Hopkins K., 1980, *Taxes and Trade in the Roman Empire*, «JRS», 70, 101-125.

Hopkins K.,1983, *Death and Renewal*, Cambridge.

Hopwood B., 2015, *Hortensia Speaks: An Authentic Voice of Resistance?*, in K. Welch (ed.), *Appian's Roman History: Empire and Civil War*, Swansea, 305-322.

Humbert M., 2010, *Solidarité familiale et liberté de tester*, in A. Corbino, M. Humbert, G. Negri (edd.), Homo, caput, persona: *la costruzione giuridica dell'identità nell'esperienza romana. Dall'epoca di Plauto a Ulpiano*, Pavia, 863-884.

Jehne M., 2016, *The Senatorial Economics of Status in the Late Republic*", in H. Beck, M. Jehne, J. Serrati (edd.), *Money and Power in the Roman Republic*, Bruxelles, 188-207.

Johnston D., 1985, *Munificence and* Municipia: *Bequest to Towns in Classical Roman Law*, «JRS», 75, 105-125.

Karković Takalić P., 2015, *Iader e l'imperatore Augusto*, «Aquileia Nostra», 86, 49-65.

Klingenberg G., 1983, *Die Frau im römischen Abgaben- und Fiskalrecht*, «RIDA^3», 30, 141-150.

Lizarzategui L., 2022, *La controverse sur l'inclusion des femmes dans le système fiscal romain pendant la République: (195 av. n. è. – 39 av. n. è.)*, «SHHA», 40, 159-178.

Lo Cascio E., 1991, *Le tecniche dell'amministrazione*, in A. Schiavone (ed.), *Storia di Roma*, 2.2 *L'impero mediterraneo. I principi e il mondo*, Torino, 119-191 (= Id., *Il* princeps *e il suo impero. Studi di storia amministrativa e finanziaria romana*, Bari 2000, 13-79).

Lo Cascio E., 2007, *The Early Roman Empire: The State and the Economy*, in W. Scheidel, I. Morris, and R. Saller (edd.), *The Cambridge Economic History of the Greco-Roman World*, Cambridge, 619-647.

Lucchelli T.M., Rohr Vio, F., 2016, *La ricchezza delle matrone: Ortensia nella dialettica politica al tramonto della Repubblica*, in I. Cogitore, A. Bielman Sánchez, A. Kolb, (edd.), *Femmes influentes dans le monde hellénistique et à Rome: IIIe siècle av. J.-C.-Ier siècle apr. J.-C.*, Grenoble, 175-196.

Luzzatto G.I., 1975[3], Vicesima hereditatum et manumissionum, in A. Azara, E. Eula (edd.), *Novissimo Digesto Italiano*, XX, Torino, 809-810.

Manolaraki E., 2015, *Death and Taxes: The* Vicesima Hereditatum *in Pliny's Panegyricus*, in O. Devillers (ed.), *Autour de Pline le Jeune: en hommage à Nicole Méthy*, Bordeaux, 245-258.

Mantovani D., 2019, Inter aequum et utile. *The Law as Economics in the Roman World?*, in M. Maiuro, G.D. Merola, M. De Nardis, G. Soricelli (edd.), *Uomini, istituzioni, mercati. Studi di Storia per Elio Lo Cascio*, Bari, 505-524.

Mantovani D., 2021, *Giuristi romani e storia dell'economia antica. Elementi per una dialettica*, in C. Buzzacchi, I. Fargnoli (edd.), *Il diritto allo stato puro? Le fonti giuridiche romane come documento della società antica*, Milano, 141-216.

Marelli E., 2020, *La compravendita dell'eredità in diritto romano*, Torino.

Marin E., Mayer M., Paci G. (edd.), 2020, Corpvs Inscriptionvm Naronitanarum, II,Tivoli.

Marotta V., 2021, *Ideali universalistici o fiscalismo imperiale?* Decima hereditatium *e* constitutio Antoniniana de civitate, «Specula Iuris» 1/1, 111-131.

Marquardt J., 1884[2], *Römische Staatsverwaltung*, II, Leipzig (Leipzig 1876).

Martinović J.J., 2011, *Antički natpisi u Crnoj Gori* / Corpus inscriptionum Latinarum et Graecarum Montenegri, Kotor.

McClintock A. 2022, *La ricchezza femminile e la* lex Voconia, Napoli.

McGinn T.A., 2008, *Something Old, Something New... Augustan Legislation and the Challenge of Social Control*, «Ancient History Bulletin», 22, 1-32.

Melchor Gil E., 2005, *Evergetismo y élites municipales en la Colonia Augusta Firma Astigi*, in *Actas del VII Congreso de Historia. Écija, economía y sociedad (Écija, 11-13 diciembre 2003)*, I, Écija, 123-137.

Merola G.D., 2016, *Augusto, le imposte, le province*, «Maia», 68/2, 321-333.

Mommsen T., 1844, *Die römische Tribus in administrativer Beziehung*, Altona.

Morrell K., 2020, Tutela mulierum *and the Augustan Marriage Laws*, «EuGeStA», 10, 89-116.

Murer C., 2017, *Stadtraum und Bürgerin: Aufstellungsorte kaiserzeitlicher Ehrenstatuen in Italien und Nordafrika*, Berlin–Boston.

Navarro Caballero M., 2017, Perfectissima femina. *Femmes de l'élite dans l'Hispanie romaine*, I-II, Bordeaux.

Neesen L., 1980, *Untersuchungen zu den direkten Staatsabgaben der romischen Kaiserzeit (27 v. Chr.-284 n. Chr.)*, Bonn.

Nicolet C., 1976, Tributum. *Recherches sur la fiscalité directe sous la republique romaine,* Bonn.

Parma A., 2011, *Un caso di evergetismo e il pagamento della* vicesima hereditatium *in un'epigrafe monumentale del II sec. D.C. da Roccarainola (NA).* CIL *IX 1169*, in F. Lamberti, N. De Liso, E. Sticchi Damiani, G. Vallone (edd.), Serta Iuridica. *Scritti dedicati dalla Facoltà di Giurisprudenza a Francesco Grelle,* I, Napoli, 439-450.

Pelcer-Vujačić O., 2019, *The Civic Identity of the Elite in the Roman Settlements of South-Eastern Dalmatia*, in L. Alberti (ed.), *Interconnections in the Mediterranean through time: Montenegro and Italy*. Proceedings of the Bilateral Round Table held at the University of Montenegro (23rd September 2016), Roma, 101-116.

Peppe L., 1984, *Posizione giuridica e ruolo sociale della donna romana in età repubblicana*, Milano.

Peppe L., 2016, *Forme giuridiche e modelli sociali dell'appartenenza e dell'identità femminili in Roma antica*, Lecce.

Pölönen J., 2002, *The Division of Wealth between Men and Women in Roman Succession (c.a. 50 BC - AD 250)*, in P. Setälä, R. Berg, R. Hälikkä, M. Keltanen, J. Pölönen, V. Vuolanto (edd.), *Women, Wealth and Power in the Roman Empire*, Rome, 147-179.

Rodríguez Alvarez L., 1981, *Algunas notas en torno a la* lex de vicesima hereditatium, «RIDA[3]», 28, 213-246.

Russo F., 2019, *Su alcuni aspetti della politica edilizia di Antonino Pio*, in F. Russo (ed.), *L'attività edilizia a Roma e nelle città dell'impero romano*, Roma, 29-40. 31-32.

Rosillo-López C., c.d.p, *Did Roman women pay the taxes in the Roman Republic?*, in C. Rosillo-López, S. Lacorte (edd.), *Female Citizens. Roman Women during the Roman Republic*, Sevilla–Zaragoza.

Šašel Kos M., 2017, *The* Statii *of Risinium*, in D. Demicheli (ed.), *Illiryca Antiqua II. In honorem Duje Rendić-Miočević*. Proceedings of the International Conference (Šibenik 12th–15th September 2013), Zagreb, 171-185.

Scuderi R., 1979, Problemi fiscali a Roma in età triumvirale, «Clio», 13/3, 341-368.

Shelton J.-A., 2013, *The Women of Pliny's Letters*, London–New York.

Spagnuolo Vigorita T., 2010[3], Casta domus. *Un seminario sulla legislazione matrimoniale augustea*, Napoli (Napoli 1997).

Sherwin White A.N.,1966, *The Letters of Pliny. A Historical and Social Commentary*, Oxford.

Soraci C. (ed.), 2020, *Fiscalità ed epigrafia nel mondo romano.* Atti del Convegno Internazionale (Catania, 28-29 Giugno 2019), Roma–Bristol.

Stella Maranca F., 1924, *Intorno alla* lex <Iulia de> vicensima hereditatium, in «RAL», 33, 263-286.

Stern Y., 2000, *The Testamentary Phenomenon in Ancient Rome*, «Historia», 49.4, 413-428.

Swan P.M., 2004, *The Augustan Succession: An Historical Commentary on Cassius Dio's Roman History, Books 55-56 (9 BC-AD 14)*, Oxford.

Tellegen J.W., 1982, *The Roman Law of Succession in the Letters of Pliny the Younger*, I, Zutphen.

Thomas Y., 1990, *La divisione dei sessi nel diritto romano*, in P. Schmitt-Pantel (ed.), *Storia delle donne in Occidente. L'antichità,* I, Roma–Bari, 103-176.

Tolsa Domènech C., 2011, *Les fórmules de la vicesima hereditatium dins i fora dela Bètica*, «Sylloge Epigraphica Barcinonensis», 9, 177-192.

Vassalli F., 1960, *Concetto e natura del fisco*, in F. Vassalli (ed), *Studi giuridici*, III.1, Milano, 40-130.

Verboven K., 2002, *The Economy Friends. Economic Aspects* Amicitia *and Patronage in the Late Republic*, Bruxelles.

Vettori G., 2020, *Non solo moglie e madre. La* materfamilias *come soggetto patrimoniale nella legislazione etico-matrimoniale di Augusto*, «EuGeStA», 10, 2020, 30-88.

Vettori G., 2022, Bonae matronae *e* bona matronarum. *Donne e capacità patrimoniale tra Repubblica e Principato*, Bari.

VETTORI G., 2023[2], *Il lusso che non si poteva concedere alle donne*, in L. Righi, G. Vettori (edd.), *Il lusso e la sua disciplina. Aspetti economici e sociali della legislazione suntuaria tra antichità e medioevo*, Trento, 51-83 (Trento 2019).

VON REDEN S., 2010/2011, *Rezension zu: Sven Gunther,* Vectigalia nervos esse rei publicae. *Die indirekten Steuern in der romischen Kaiserzeit von Augustus bis Diokletian. Verlag Harrassowitz, Wiesbaden 2008*, «BJ», 210/211, 746-748.

WALLACE-HADRILL A., 1981, *Family and Inheritance in the Augustan Marriage Laws*, in «PCPhS», 27, 58-80.

WEBB L., 2019, Mihi es aemula: *Elite Female Status Competition in Mid-Republican Rome and the Example of Tertia Aemilia*, in C. Damon, C.Pieper (edd.), Eris vs. Aemulatio. V*aluing Competition in Classical Antiquity*, Leiden-Boston, 251-280.

WEBB L., BRÄNNSTEDT L., 2023, *Gendering the Roman Triumph: Elite Women and the Triumph in the Republic and Early Empire*, in H. Cornwell, G. Woolf (edd.), *Gendering Roman Imperialism*, Leiden–Boston, 58-95.

WESENER G., 1958, s.v. *vicesima hereditatium*, in *RE* VIII A 2, coll. 2471-2477.

WOODMAN A., MARTIN, R., 2004, *The Annals of Tacitus. Book 3*. Cambridge.

SVEN GÜNTHER*

Conclusioni
Epigraphy and Roman Fiscality: Future Perspectives

For a long time, Epigraphy has been an important resource for the study of ancient, particularly in regards Roman taxation and fiscality. This is especially true for the Roman fiscal administration and its actors – both public ones and those from private tax farmers – as they are mostly known from inscriptions found throughout the *imperium Romanum*. These inscriptions greatly supplement the very fragmentary Rome- and elite-focused literary sources, the few sources of numismatic evidence through which imperial tax reductions or abolitions were communicated, and the fortunately dense, albeit regionally limited, details of fiscal practices in Egypt which are attested to in papyri (including ostraca). These inscriptions have mostly been studied as documenting fiscal realia; namely, they provide us with detailed information about (but clearly not limited to) 1) the regulative framework, 2) the administrative procedures, and, 3) the hierarchy of and within fiscal offices as well as their relation to other bureaus of local, regional, provincial, and imperial levels. Many great achievements have been made in understanding these procedures and continue to be made as both the corpus of inscriptions is still growing (e.g., the rather recently discovered seal of publicans administrating the *vicesima libertatis*, cf. Sven Günther in this volume). This is especially true for the understanding of career advancements as relating both to social status and connections as well as the interplay between the different administrative units which have been reviewed in the last decades (cf. the paper of Marianne Béraud in this volume).

Furthermore, epigraphy serving as the storage format of realia is only one side of the rather complex story which the ancient objects carrying the inscribed words tell. Therefore, it is no surprise that communicative and representative aspects of these intentionally formed monuments (in the sense of Johann Gustav Droysen's differentiation between remains, sources, and monuments[1]) have also come into

---

* Institute for the History of Ancient Civilizations (IHAC), Changchun.

[1] Cf. Droysen 1897, 18-21, §§ 21-26.

the focus of researchers over the last couple of years and indeed play a very important role in this volume. Thus, the contributions assembled here also consider how specific features of fiscality and the related actors are linked to and entangled with different views, discourses, and ideologies. Thereby accessing the potential which Droysen ascribed to the past material still extent in the present; namely, not presenting to us how the past actually was, but instead informing us – the present researchers – about past single perspectives and their relation to the then moral world as reconstructed and focused on by us[2].

The new research questions with which we approach our source materials in this volume mirror how ancient fiscality cannot be seen as a mere extraction practice (in the sense of Mancur Olson's predatory or roving banditry[3]) but is actually a complex system affecting, and being affected by, society as a whole and its specific parts. This begins with the visibility, and invisibility, of tribute extraction as discussed by Michaël Girardin, who shows how an exclusively literary recorded decree is used to frame a specific image of a foreign ruler, while the fiscal reality may not have been very much different than before. Within the Roman imperial framework, it is important to consider how the legal concepts of the ruling Romans were translated into Greek, the common language of the Roman imperial Greek East. This is perfectly exemplified by Giovanna Daniela Merola in her contribution, in which she argues that the extent to which such translations were adequate in addressing the status and character of fiscal actors is a key question for modern researchers who apply modern concepts of public and private (namely, through publicans) tax collection to ancient times, and particularly to those who are puzzled about the way and degree to which private tax farmers became absorbed into the public sectors especially in later imperial times. My own contribution anchors into this by looking at how the *vicesima libertatis* is conceptualised and classified as "public" revenue in inscriptions, as it appears in a rather consistent manner which may find its origin in the early establishment of this tax. The conservatism which such terminology implies is also in the focus of Cristina Soraci's paper, as she convincingly demonstrates why the responsibility of the *promagister* for the *frumentum mancipale* was translated into Greek as being ἄρχων σείτου δήμου Ῥωμαίων; namely, that it was done so in order to show the ruling claim of the Roman people for whom the person responsible was acting, rather than to match exactly the Roman technical expression of the fiscal-legal framework.

A fresh look has also to be taken at the lower functions within the administrative bureaus and at the taxpayers themselves. While Béraud studies how administrative functions and social status are entangled (see above), Giulia Vettori makes it clear that payers of the inheritance tax were often also (rather rich) Roman women who equally had to and did perform their role within the complex imperial acceptance system. A system which did not just involve legal but also social obliga-

[2] Droysen 1897, 11-12, §§ 5-7.
[3] Olson 1993.

tions to pay taxes. And also involved communicating it in a way which showed one's stance towards a system which ultimately aimed at both financing the commonwealth and showing the power of the emperor over all subjects, including the senatorial elite, though being nominally only the princeps inter pares.

Overall, looking back at the conference and the fruitful discussions which emerged at and after the event, it seems time to address anew the questions raised by recent typological approaches to the ancient world from the side of New Fiscal History; namely, whether one can assign specific characteristics or modes such as domain, tributary, or tax features to the Roman (and other ancient) system(s). Or whether we should apply the term 'fiscal state' to Rome itself, a term which is normally reserved for modern states when looking at the interplay of economic stimuli, state investments, and modern tax regulations for a self-regulating revenue system[4]. It appears to me that the difference of representing fiscal realities in antiquity and modernity should not be equalled to a new primitivism-modernism-schism. Rather we should focus on how fiscal institutions, structures, and actions – as well as actors – were (and are today!) communicated to different audiences, due to the fact that it arguably created more of an impression and "framed" understanding of how effectively, efficiently, and comprehensively the "state" worked than delving into technical-bureaucratic details could ever do.

Bibliography

Bonney R., Ormrod W. M., 1999, *Introduction: crises, revolutions and self-sustained growth: towards a conceptual model of change in fiscal history*, in W.M. Ormrod, M. Bonney, R. Bonney (edd.), *Crises, revolutions and self-sustained growth: essays in european fiscal history, 1130-1830*, Stamford, 1-21.

Droysen J. G., 1897, *Outline of the principles of history (Grundriss der Historik).* With a biographical sketch of the author, trans. by E. B. Andrews, Boston.

Olson M., 1993, *Dictatorship, democracy, and development*, «The American Political Science Review», 87/2, 567-576.

[4] Cf. Bonney, Ormrod 1999.

Finito di stampare nel mese di marzo 2024
per conto de «L'ERMA» di BRETSCHNEIDER®
da Centro Stampa di Meucci Roberto - Città di Castello (PG)